Diogenes Taschenbuch 21587

Federico Fellini

Die Gauner

Idee und Drehbuch von
Federico Fellini
Ennio Flaiano
und Tullio Pinelli

Aus dem Italienischen von
Renate Heimbucher-Bengs
Mit 34 Fotos

Diogenes

Herausgegeben von Christian Strich

Das Drehbuch erschien
erstmals in ›Il Primo Fellini‹,
Cappelli Editore, 1969
Standfotos von G. B. Poletto

Originalausgabe

Sämtliche Rechte vorbehalten
All rights reserved
Copyright © 1988 by
Diogenes Verlag AG Zürich
60/88/8/1
ISBN 3 257 21587 8

Inhalt

Vorwort   9

Drehbuch   15

Der Film in 32 Bildern   123

Fellini über ›Die Gauner‹   151

Vorwort

Der Verleger bittet mich um die unvermeidliche Seite für das Vorwort zum Drehbuch eines meiner alten Filme; ach ja, *Die Gauner* ist wirklich und wahrhaftig über dreißig Jahre alt, was für einen Film schon ein beachtliches Alter und für seinen Urheber ein himmelweiter Zeitabstand ist, wenn er versuchen soll, sich die ersten Ideen, die ersten Anzeichen, die vagen und flüchtigen Vorahnungen von den Personen, der Atmosphäre, der Stimmung dieser Geschichte in die Erinnerung zurückzurufen.

In meinem Fall muß ich zudem gestehen, daß ich jedesmal, wenn man mich auffordert, über Angelegenheiten zu erzählen, die meine Arbeit (und nicht nur diese) betreffen, einem natürlichen Hang, drumherum zu fabulieren, aufzubauschen, auszumalen nicht zu widerstehen vermag und mithin eine verfälschte Darstellung dessen liefere, was sich objektiv zugetragen hat. Und was noch schlimmer ist, wenn ich dann ein zweites, drittes oder viertes Mal aufgefordert werde, dann erzähle ich, um mir langweilige Wiederholungen zu ersparen, die Begebenheit immer wieder anders und kann bei so vielen Versionen am Ende selbst nicht mehr sagen, wie sich die Dinge wirklich abgespielt haben.

Warum beschloß ich damals, diesen Film zu machen? Woher stammte die Idee? Wenn ein Film erst einmal fertig ist, kommt es mir so vor, als würde er für immer von mir weggehen und alles mitnehmen, auch die Erinnerungen.

Ich will es trotzdem versuchen. Ich hatte *La Strada* schon seit einigen Monaten abgeschlossen. Die Geschichte von Gelsomina und Zampanò hatte mich ganz krank gemacht vor Melancholie. Dennoch wollte und konnte ich mich von dieser Art der Erzählung nicht lösen. Ich wäre am liebsten weiter mit meiner Crew über die staubigen Straßen, die sonnenbeschienenen oder schneebedeckten Felder, durch die düsteren Täler und alten Dörfer jenes märchenhaften und brigantesken Latium gezogen, das ich bei den Dreharbeiten zu diesem Film entdeckt hatte. Ich wollte mich noch ein Weilchen als Vagabund, als Abenteurer, als Wanderer ohne festen Wohnsitz fühlen. Dies war wohl auch der unbewußte Beweggrund, warum ich mir eines Tages in einer kleinen Trattoria am Stadtrand von Rom stundenlang fasziniert und belustigt die Geschichten eines Mannes anhörte, der einen großen schwarzen Filzhut auf dem Kopf und vor sich auf dem Tisch an die zwanzig »Schweizer Uhren« liegen hatte, die ein Schwager von ihm in Viterbo hergestellt hatte, welcher, wie er sagte, Ministerpräsident hätte werden können, wenn er in einem gerechteren und zivileren Land zur Welt gekommen wäre.

Während der Mann mit der Stimme eines verschnupften Froschs und mit höchst ausdrucksvoller Mimik erzählte und unentwegt den Hut lüpfte, um Bischöfe, Kardinäle und andere Exzellenzen und hochgestellte Persönlichkeiten zu grüßen, die in seinen Erzählungen vorkamen, hatten sich zwei weitere Individuen, beide mit schwarzen Schlapphüten auf dem Kopf, zu uns an den Tisch gesetzt und fixierten mich stumm, mit respektvoller Sympathie. Der eine hatte ein längliches, olivbraunes Gesicht, spitz wie eine Fuchs- oder Wolfsschnauze, und pechschwarz funkelnde Augen. Sie nannten ihn »Lupaccio« (böser Wolf), wie den aus den *Drei Schweinchen* von Disney. Der dritte dagegen hatte unter dem lockigen blonden Haar ein helles, rosiges Engelsgesicht. Die beiden anderen stellten ihn mir als »Soletta Candida« vor – Soletta kommt von »Sola«, was im römischen Gangsterjargon Betrüger, Schwindler bedeutet.

Während der schmächtige Typ mit den Uhren in seinen Erzählungen fortfuhr, hörten Lupaccio und Soletta Candida ihm tiefernst und aufmerksam zu und schalteten sich nur dann und wann ein, um einen Namen, einen Ort, ein Datum zu korrigieren. Es waren farbige und witzige Berichte über originelle, ausgeklügelte Bubenstücke, regelrechte Drehbücher von Gaunereien, Spitzbübereien und Schwindeleien, mit minuziösen Details, die von psychologischem Einfühlungsvermögen und großem Organisationstalent zeugten. Recht bald gewann ich den Eindruck, als wollten die drei mich überzeugen, daß eine Gaunerei über die Bühne zu bringen auch nichts anderes sei als einen Film zu machen, und ich deshalb mit gutem Recht ebenfalls als Gauner gelten und ad honorem in ihre Zunft aufgenommen werden könne.

Am nächsten und auch am übernächsten Tag traf ich mich erneut mit dem Mann, zusammen mit Lupaccio und Soletta Candida, und hörte mir weiter ihre unseligen Geschichten an, und schließlich nahm ich sie als Vorbild für die drei Gauner, die in meinem Film von Crawford, Basehart und Franco Fabrizi gespielt werden.

Das Drehbuch, das ich gemeinsam mit Pinelli und Flaiano verfaßt habe, berichtet mit einigen kleinen, frei erfundenen Erweiterungen vom jämmerlichen Leben der drei Gauner, ihren Betrügereien in der

Provinz und den ländlichen Gebieten des Latium und ihren Opfern, habgierigen und leichtgläubigen Bauern und Armen, die sich einreden ließen, Fortuna habe sich nun endlich auch ihrer erinnert.

Beeindruckt von Lupaccios verbittertem Gesicht und dem harten Funkeln in seinen Augen, dachte ich, daß Humphrey Bogart der ideale Schauspieler für den Part des Augusto wäre. Es kam zu einem kurzen, freundlichen Briefwechsel zwischen dem Produzenten des Films und dem berühmten amerikanischen Star, der damals allerdings schon an den ersten Anzeichen einer verhängnisvollen Krankheit litt. Man stellte mir dann frei, selbst den geeigneten Mann auszuwählen, und so verzettelte ich mich mit Hunderten von Schauspielerphotos, suchte in Neapel monatelang unter Tausenden von Gesichtern und lernte dabei legendäre Gangsterbosse und Camorramitglieder kennen.

Nach langer, mühsamer Suche entschied ich mich schließlich für Broderick Crawford. Eines Abends entdeckte ich an einer Mauer an der Piazza Mazzini ein großes Filmplakat, das irgend jemand von oben bis unten durchgerissen hatte. Man sah ein halbes Gesicht, darunter einen halben Titel und den halben Namen des Schauspielers: »Tutti gli uom« und »Broderi«. Das Äugelchen in diesem halben Gesicht erinnerte mich an den scharfen, durchtriebenen Blick eines gewissen Nasi, der in Rimini zu Ruhm gelangt war, weil er einmal einem Deutschen ein Stück Meer vor dem Grand Hotel verkauft hatte. Jedenfalls wurde diese Geschichte über den Gauner Nasi erzählt, und wenn im *Caffè Commercio* jemand von ihm wissen wollte, ob sie wahr sei oder nicht, dann ließ Nasi sich von ihm erst einmal etwas zu trinken spendieren. Daraufhin gab er Sprüche von sich, die von einem orientalischen Weisen hätten stammen können. Etwa so: »Wir vermögen die Wahrheit nicht mehr zu erkennen, weil wir nicht fähig sind, uns bis zur Erde zu verneigen.« Wenn jemand nähere Erläuterungen verlangte, mußte er ihm zuerst ein weiteres Glas Wein bezahlen, und so ging es manchmal den ganzen Nachmittag weiter, mit sybillinischen Antworten und immer weiteren Vierteln Sangiovese, bis der Orakelnde am Ende stockbetrunken abzog und aus voller Kehle singend im Nebel verschwand.

Welch großartiges Gesicht hatte Broderick Crawford! Ein eindrucksvolles Beispiel von Film-Photogeneität: Er brauchte nur eine Augenbraue hochzuziehen, und schon war es eine ganze Geschichte. Die tiefliegenden, schmalen Augen über den breiten

Wangen scheinen einen immer wie hinter einer Mauer hervor anzublicken, wie zwei Löcher in einer Wand. Der Produzent, der sich wegen der beharrlich kursierenden Gerüchte über einen gewissen Hang des guten Brod zu Aperitifs Sorgen machte, wollte sich absichern, indem er in den Vertrag mit dem Schauspieler eine Liste der erlaubten Getränke einschloß. Allerdings muß es von Brods Seite einige Verstöße gegeben haben, denn ich erinnere mich, wie er sich eines Morgens – fast am Ende der Dreharbeiten, nachdem Broderick also schon etwa vier Monate lang in Italien, in Rom weilte – immer hitziger darauf versteifte, einen der Produktionssekretäre loszuschicken, um eine bestimmte persische Zigarettensorte zu holen, die es jedoch nur in einem Tabakladen hinter dem sechsten Häuserblock in der 14. Straße in New York gab.

Herbst 1987

Drehbuch

Landstraße. Außen. Tag.

Eine einsame Straße, die sich in Serpentinen einen Hügel hinaufwindet. Ringsum öde Felder, durchbrochen von Gebüschstreifen.
In dieser Stille und Einsamkeit sitzt ein Mann unter einem Baum. Es ist ein Mann von kleiner Statur, seine Kleidung ist von einer etwas zweifelhaften Eleganz. Sein Gesicht ist sehr markant, mit falkenhaften Zügen und kaltglänzenden Augen. Er liest aufmerksam eine Zeitung, *Il Cavallo*, und macht sich mit einem Bleistift Notizen an den Rand des Blattes.
Ein schwarzes Auto, groß und glänzend wie eine Staatslimousine, kommt von der entgegengesetzten Seite die Straße heruntergefahren.
Der Mann (»Baron« Vargas) hebt den Kopf von seiner Zeitung und dreht den Blick zur Straße.
Vargas steht auf, nimmt Tasche und Regenmantel, die er an einen Baum gehängt hatte, und geht zur Straße hinunter, auf das Auto zu, das auf einer kleinen Brücke angehalten hat.
Der Fahrer öffnet die Wagentür und steigt aus.
Er ist ein recht gut aussehender, selbstbewußter junger Römer, der hinter scheinbarer Herzlichkeit ein überaus zynisches, berechnendes Wesen verbirgt.
Der junge Mann (Roberto) trägt eine schwarze Chauffeuruniform. Beim Aussteigen begrüßt er Vargas.

    Roberto: Hallo, mein Lieber! Verehrtester Baron!
    Vargas: Ha, jetzt ist es halb elf und ich sitze immer noch hier und warte, daß ihr euch endlich bequemt!
    Roberto: (trällert mit Baßstimme leise vor sich hin)
Roberto blickt über die Landschaft und gibt spöttisch, in tiefem Baß, eine Art Trällern von sich. Dann geht er rasch zum Kofferraum hinten am Auto und klappt ihn auf.
Vargas geht zur vorderen Wagentür und öffnet sie. Im Auto sitzen zwei Männer mit hochgeschlagenem Mantelkragen.
Der eine (Augusto) ist um die fünfzig, mit einem harten, zerfurchten Gesicht, trüben und melancholischen, aber immer wachsamen Augen und einem Lächeln, das bisweilen zu einer spöttischen Grimasse wird. Der andere (Picasso), ein blonder junger Mann mit

klaren blauen Augen ist dreißig, sieht aber sehr viel jünger aus. Er macht einen durchtriebenen und zugleich unschuldigen Eindruck. Vargas ist sichtlich verärgert. In strengem, aber ruhigem Ton sagt er...

Vargas: Wo habt ihr euch herumgetrieben? Was habt ihr nur gemacht?

Augusto, der sehr mürrisch wirkt, zuckt nur mit den Achseln, ohne etwas zu erwidern.

Picasso deutet leise lachend auf Roberto.

Picasso: Wir haben heute morgen Roberto nicht mehr gefunden.

(lacht) Der hat in jedem Dorf eine.

Picasso steigt aus. Unter dem Montgomery-Mantel, den er trägt, guckt ein Priesterrock hervor.

Hinter dem Auto trällert Roberto grinsend vor sich hin, während er ein gefälschtes Vatikan-Kennzeichen über dem Nummernschild befestigt.

Picasso blickt, kaum daß er ausgestiegen ist, nach allen Seiten und ruft freudig...

Picasso: Oh, seht nur, wie schön!

Vargas steht mit einer Landkarte an der Wagentür und schimpft mit Augusto, der noch im Auto sitzt...

Vargas: Es sind nur zehn Kilometer! Ihr könntet schon längst dort sein.

Augusto steigt aus und geht zum Kofferraum.

Vargas (weiterschimpfend): Warum soll unsereiner immer den Hanswurst machen?

Picasso hüpft fröstelnd zur Brücke und beugt sich über die Brüstung, um in das kleine Tal hinabzublicken.

Picasso: Sieht aus wie eine Landschaft von Corot, was?

Augusto faltet seinen Mantel sorgsam zusammen und legt ihn in den offenen Kofferraum. Roberto, der gerade ein Werkzeug herausnimmt, hält ihm eine rote Kardinalsschärpe hin.

Roberto: Da... Knüpf dich auf!

Augusto nimmt die Schärpe und bindet sie sich um. Vargas hat mittlerweile ein kleines Blatt Papier aus seiner Ledertasche gezogen und geht mit Augusto langsam zu Picasso hinüber, der jetzt, immer noch im Mantel, auf dem Brückengeländer sitzt.

Vargas (zu Picasso): Da ist der Plan... Das Zeichen hier ist der Baum. Acht Schritte vom Baum entfernt liegt der Schatz.

Picasso: Hm... hhm... verstanden, alles klar.

Vargas zeigt auf Picassos Schuhe.

Vargas: He, sag mal, was sollen denn die gelben Schuhe?

Picasso (etwas verlegen): Wer sieht die schon... unter der Soutane...

Während Picasso seinen Mantel auszieht, sagt Augusto...

Augusto: Gib mir mal das Kreuz, ja?

Picasso zieht ein großes Brustkreuz an einer Kette aus der Tasche, das nach echtem Gold aussieht, und wirft es Augusto zu, der es sich um den Hals hängt.

Picasso: Da!

Dann deutet er auf eine Stelle auf dem Plan und wendet sich an Vargas.

Picasso: Und was bedeuten die Zahlen da?

Vargas: Anderthalb Meter Tiefe. Kapiert? Die Erde darüber ist wieder genauso hergerichtet worden wie vorher, es ist nichts zu sehen. Ihr habt nur zu graben. Ich denke, daß wir die Sache ohne weiteres noch vor heute abend erledigt haben.

Er nähert sich Augusto und sagt, auf Roberto deutend...

Vargas: Ach ja, und sag diesem Trottel, er soll sich nicht so aufspielen, die Frauen sind doch nicht dumm...

Roberto, der gerade das Nummernschild festschraubt, pfeift Vargas zum Spott vor sich hin.

Vargas: Ah, und noch etwas, beinahe hätte ich es vergessen. Seid vorsichtig, es sind zwei bissige Hunde dort. (blickt auf Augustos Hände) Und der Ring?

Augusto (gereizt): Habe ich, habe ich...

Vargas: Nanu, was ist denn mit dir heute los? Nervös, was?

Ohne eine Antwort abzuwarten, geht Vargas auf Roberto zu, der mit den Nummernschildern fertig ist.

Vargas: Laß mal sehen. Alles in Ordnung?

Dann leise, auf Augusto deutend...

Vargas: Sag mal, was ist denn heute mit Augusto los?

Roberto: Hat den Tatterich, der Alte. Der macht's nicht mehr lang.

Augusto hat sich fertig zurechtgemacht. Picasso lächelt ihm zu und sagt, auf die Landschaft deutend...

Picasso: Augusto... schöne Gegend hier, nicht?

Augusto nickt griesgrämig. Dann zieht er den Ring aus der Tasche und steckt ihn sich an den Finger.

Roberto hat zwei Priesterhüte aus dem Kofferraum genommen und schlägt nun den Deckel zu. Er stößt einen Pfiff aus, um Augustos und Picassos Aufmerksamkeit auf sich zu lenken, und wirft ihnen die Hüte zu.

Augusto und Picasso schnappen die Hüte (der von Augusto hat ein Schmuckband) und setzen sie sich auf.

Roberto (ruft): Einsteigen! Wir fahren!

Er öffnet die Wagentür, und Augusto und Picasso steigen ein.

Talebene mit Bauernhof. Außen. Tag.

Das Auto fährt rasch die staubige Straße entlang.
(Abblende)

Bauernhof. Außen. Tag.

Ein großes landwirtschaftliches Gebäude taucht auf, so wie man es vom fahrenden Auto aus sieht. Zwei große Wachhunde bellen wild und rennen um das Auto herum, das die Einfahrt hinauffährt und im Hof stehenbleibt.

Keiner steigt aus.

Aus dem Wageninnern stachelt Roberto, vom Gebell belustigt und erregt, die Hunde noch mehr an.

Roberto: Aah... aah... (lacht) Wuff... Wuff...

Niemand läßt sich sehen. Die Hunde bellen wütend weiter und rennen um das Auto herum.

Aus der halboffenen Stalltür beobachtet jemand die Besucher: eine robuste, knochige alte Frau mit kleinen, mißtrauischen Augen in einem maskulin wirkenden Gesicht.

Von den Insassen des Autos ist Picasso der erste, der sie entdeckt.

Picasso: Hallo, guten Tag, Signora! Guten Tag. Entschuldigen Sie, würde es Ihnen etwas ausmachen, die Hunde zurückzurufen, bitte?

Die Frau entschließt sich, die Tür ganz zu öffnen und stößt, an die Hunde gerichtet, kehlige Laute aus.

Kurze Stille. Roberto, der aus dem Auto gestiegen ist, geht auf die Frau zu und fragt sie mit lauter Stimme...

Roberto: Ist Stella Fiorina da?

Die Frau kommt noch einige Schritte näher, gibt aber keine Antwort. Roberto insistiert.

Roberto: Ist Stella Fiorina zu Hause? He!

Die Frau (feindlich und mißtrauisch): Was wollt Ihr von ihr?... Stella Fiorina bin ich!

Roberto nimmt in aller Form seine Mütze ab und wendet sich an Augusto.

Roberto: Monsignore, das ist sie.

Picasso hat die andere Autotür geöffnet und ist eilfertig ausgestiegen.

Inzwischen ist eine zweite Frau, kleiner als die erste, ängstlich und neugierig hinter dem Haus hervorgekommen.

Picasso grüßt sie, dann geht er, eine Ledertasche unter dem Arm, übertrieben feierlich und mit einer gewissen Besorgnis wegen der Hunde auf die erste Frau zu.

Picasso: Ah, guten Tag... Pax et bonum! Sehr erfreut, Signora Stella Fiorina. Sie sind, glaube ich, die Besitzerin des Hofs, oder? Wir müssen Sie in einer höchst geheimen Angelegenheit sprechen. Seine Eminenz hat eigens seinen Referendar, Monsignore De Filippis aus Rom geschickt...

Bei diesen Worten dreht Picasso sich mit einer kleinen Verbeugung zu Augusto um, der nun mit Robertos ehrerbietiger Hilfe majestätisch aus dem Auto steigt. Die beiden alten Frauen sehen sich an. Die zweite streicht rasch ihre Schürze glatt, läuft auf Augusto zu, deutet einen unbeholfenen Knicks an und küßt den Ring.

Zweite Frau: Ah, Monsignore!

Augusto macht das Zeichen des Segens. Dann schreitet er auf die erste Alte zu, die regungslos und steif stehengeblieben ist, und sagt halblaut...

Augusto: Wir müssen mit Ihnen sprechen... ganz privat. Geht das?

Aufgeregt und mißtrauisch geht die Frau langsam auf die Haustür zu, gefolgt von Augusto, Picasso und Roberto.

Bauernküche. Innen. Tag.

Die erste Frau bittet Augusto und die anderen ehrfurchtsvoll herein.

Erste Frau: Bitte, treten Sie ein... Entschuldigen Sie, wenn es schmutzig ist hier drinnen.

Ein Bauernmädchen mit einem schmutzstarrenden kleinen Jungen auf dem Arm wird von der Alten hinausgejagt.

Erste Frau: Raus mit dir! Entschuldigen Sie, Monsignore. (zum Mädchen) Verschwinde, los!

Picasso (zu dem Kleinen): Wie niedlich!

Die Alte geht beflissen auf Augusto und Picasso zu, die neben dem Tisch aus rohem Holz stehen, und starrt finster und ängstlich vor sich hin. Statt das Gespräch zu beginnen, sagt Augusto halblaut zu Picasso...

Augusto: Don Pietro, wollen Sie bitte die Tür zumachen?

Picasso geht leise die Tür schließen und kehrt zum Tisch zurück. In der Stille, die jetzt herrscht, gibt Augusto Picasso ein Zeichen, die Tasche zu öffnen. Rasch und diensteifrig macht Picasso die Mappe auf und nimmt einige Papiere heraus, die er auf dem Tisch ausbreitet.

Die beiden Frauen verfolgen sein Tun mit wachsender Besorgnis.

Leise und geheimnistuerisch beginnt Augusto zu sprechen, wobei er langsam den Tisch umkreist und hin und wieder die Augen halb schließt.

Augusto: Ein armer Sünder hat uns auf dem Sterbebett ein grausiges, grausiges Geheimnis anvertraut... Es handelt sich um Mord...

Er macht eine lange Pause und stößt, immer noch mit halbgeschlossenen Augen, einen tiefen Seufzer aus.

Augusto: Während des Krieges, als die Front hier verlief, hat der Verstorbene in irgendeinem Dorf einen Diebstahl begangen und ist zusammen mit seinem Komplizen desertiert. Später hat er seinen Kameraden umgebracht und die Leiche an einem Ort verscharrt, der sich seinen Angaben zufolge auf Ihrem Grund und Boden befinden müßte...

Tief beeindruckt tauschen die beiden Alten einen verwunderten Blick. Picasso nutzt die Pause und fragt, indem er den kleinen Plan auseinanderfaltet...

Picasso: Entschuldigen Sie, gibt es hier auf ihrem Gut irgendwo einen Baum mitten auf einem weit abgelegenen Feld?

Die erste Alte antwortet tief betroffen...

Erste Alte: Ja, hinter dem Weinberg...

Augusto (feierlich, gemessen): Genau das ist er... (dann, nach einer weiteren Pause) Nun, ich habe die Pflicht, diese unglückseligen Gebeine an mich zu nehmen, um sie in geweihter Erde erneut zu bestatten... Eine heilige Handlung, und ihr müßt mir helfen, sie zu vollziehen, damit die Seele des Mörders Frieden findet. (kurze Pause) Ist es weit von hier?

Zweite Alte: Nein... gleich hinterm Weinberg...

Erste Alte (beunruhigt, aber ohne recht begriffen zu haben): Was wollen Sie?

Augusto: Sagt, ist es ruhig dort? Ich meine, besteht keine Gefahr, gesehen zu werden? Denn mir wäre es lieber, nicht die Nacht abwarten zu müssen. Es wird nicht lange dauern, ja, im Grunde genommen brauchen wir nicht einmal eure Hilfe.

Picasso tut, als wolle er Augusto etwas Wichtiges zuflüstern.

Picasso: Der Schatz... (geht dichter an Augusto heran und wiederholt) Der Schatz...

Augusto lächelt, faßt sich, auf seine Vergeßlichkeit anspielend, an den Kopf und fährt fort...

Augusto: Ach ja, ja, das habe ich ganz vergessen. Anscheinend liegen neben der Leiche die Juwelen, die die beiden gestohlen haben. Vielleicht wollte der Mörder in ruhigeren Zeiten zurückkehren und sie sich holen. Es handelt sich um einen regelrechten kleinen Schatz. Der Pater hat den Brief dabei... (deutet auf die Mappe). Für uns ist das jedoch ohne Belang. Denn der Verblichene hat ausdrücklich erklärt, daß der Schatz, sofern er gefunden wird, beim Grundeigentümer verbleiben soll, bei euch also... Bis auf das, so hat er bestimmt, was für einige Messen für sein Seelenheil erforderlich ist.

Mit tiefernster Miene sieht er die beiden Frauen an.

Augusto: Ihr versprecht mir, die Sache geheimzuhalten, nicht wahr? Auch in eurem eigenen Interesse, denn die Regierung könnte sonst unberechtigterweise Ansprüche geltend machen.

Erste Alte (aufgeregt): Ein Schatz?

Augusto (in zuckersüßem Ton): Gewiß, aber was uns vor allem am Herzen liegt, ist die Bestattung der Gebeine des armen Verstorbenen.

(Abblende)

Ackerland mit Baum. Außen. Tag.

Mitten auf einem brachliegenden Feld ein einzelner Baum. Die erste Alte sieht sich ängstlich und mißtrauisch um.
Augusto, Picasso und Roberto stehen in der Nähe des Baums. Roberto hat eine Spitzhacke, Picasso eine Schaufel geschultert. Picasso studiert mit Augusto die Skizze und zeigt auf die verschiedenen Anhaltspunkte: den Brunnen, den Baum, den Weinberg.

> *Picasso:* Da ist der Baum. Von diesem Punkt aus acht Schritte auf den Weinberg zu... Wenn Sie erlauben, Monsignore, würde ich es gerne mal probieren.
> *Erste Alte* (zu Roberto): Hier. (Roberto nickt)
> *Picasso:* Entschuldigen Sie, Monsignore, ja? ... Einen Augenblick ...

Picasso mißt acht große Schritte vom Brunnen auf den Baum zu.

> *Picasso:* Eins, zwei, drei, vier, fünf, sechs, sieben und acht... (wiederholt) acht.

Er bleibt stehen und blickt, auf die Erde deutend, mit düsterer Feierlichkeit zu Augusto.

> *Picasso:* Monsignore, hier müßte es sein. Genau an dieser Stelle hier.

Die beiden Frauen beobachten ihn gespannt.

> *Augusto* (leise): Also, wollen wir's probieren?
> (sieht die zwei Frauen an.) Ihr seid einverstanden, ja?

Die beiden Frauen nicken zustimmend.
Augusto sagt zu Roberto...

> *Augusto:* Würden Sie bitte beginnen, Roberto?
> *Roberto:* Es ist meine Pflicht und Schuldigkeit, Monsignore.

Er reicht der Alten seine Mütze, geht auf die Stelle zu, wo Picasso steht, und sticht die Spitzhacke in die Erde.

> *Roberto:* Achtung!

Er zieht sich die Jacke aus und gibt sie der zweiten Alten. Die Brille überreicht er der ersten Alten, wobei er scherzhaft sagt...

> *Roberto:* Please...

Picasso führt die erste Alte beiseite.

> *Picasso:* Kommen Sie, Signora. Gehen wir ein Stück dort rüber.

Roberto beginnt zu graben.
(Abblende)
Eine halbe Stunde später steht Roberto bis zu den Knien in dem Loch, das er ausgehoben hat. Die beiden Alten verfolgen den

Fortgang der Arbeit. Ein Stückchen weiter, auf einer Wiese, stehen Augusto und Picasso.

Roberto hört keuchend auf zu graben und sagt bei sich...

Roberto: Ich kann nicht mehr...

Dann ruft er aus seinem Loch zu Augusto hinüber...

Roberto: Monsignore, hören Sie, hier ist wirklich nichts! Ich ruhe mich ein bißchen aus.

Mit diesen Worten steigt er aus der Grube, gibt der ersten Alten die Schaufel und geht auf Augusto und Picasso zu.

Erste Alte: Lassen Sie mich mal.

Die Alte klettert in das Loch und beginnt mit bäuerlichem Fleiß zu schaufeln.

Die zweite Alte tritt an den Rand der Grube und verfolgt ängstlich die Arbeit der Schwester.

Eine Zeitlang hört man nichts als die Schaufelgeräusche.

Zweite Alte: Sei vorsichtig, Stella.

Auf einmal stoßen die beiden Schwestern einen unterdrückten Schreckensschrei aus und starren reglos auf irgend etwas in der Erde.

Erste Alte: Monsignore, kommen Sie!

Picasso blickt zu den beiden Alten hinüber, dann ruft er...

Picasso: Augusto, wir haben es geschafft!

Die drei laufen auf das Loch zu und bleiben am Rand stehen.

Erste Alte: Monsignore, sehen Sie mal!

Roberto: Donnerwetter, hat er also doch recht gehabt!

Augusto nickt stumm und schmerzlich mit dem Kopf.

Augusto: Die arme Seele!...

Roberto springt in das Loch und bückt sich, um einen weißen Totenschädel aufzuheben.

Picasso (schmerzerfüllt): Langsam, Roberto, vorsichtig, geben Sie ihn mir... Ja, so, danke...

Roberto reicht Picasso den Totenkopf, der ihn mit übertriebener Ehrerbietung in Empfang nimmt.

Die zweite Alte bekreuzigt sich und beginnt halblaut Gebete zu murmeln.

Zweite Alte: Requiem aeternam dona eis domine...

Picasso tritt ein paar Schritte zurück, entfaltet ein großes Seidentuch, breitet es auf dem Boden aus und legt den Totenschädel darauf.

Picasso (bei sich): Das bleibt also von uns übrig! Ah, Gott im Himmel!

Roberto beginnt am Grund des Lochs zu buddeln und gräbt immer neue Knochen aus.

Roberto: So viele Knochen! Seht mal, was ist denn das für einer!

Plötzlich wirft sich die erste Alte auf alle Viere und beginnt mit den Händen in der Grube zu scharren.

Erste Alte: Da ist was, da ist was!

Augusto breitet segnend die Arme aus und murmelt lateinische Wörter vor sich hin.

Augusto: Requiem aeternam dona eis domine.

Erste Alte (off): Monsignore!

Die Alte buddelt keuchend und schwitzend unten in der Grube weiter und zieht schließlich ein kleines, mit einer Kette zugebundenes Metallkästchen aus der Erde, das sie in die Höhe hebt.

Erste Alte: Monsignore, sehen Sie! Da ist es!

Roberto: He, Monsignore, da ist es.

(Abblende)

Bauernküche. Innen. Tag.

Auf dem Tisch steht das offene Kästchen. Das Tuch mit den Knochen liegt auf einem Stuhl.

Im Innern des Kästchens glitzern und funkeln zahlreiche Kostbarkeiten: Halsketten, Armreifen, Ringe etc. Picasso sitzt am Tisch, hebt die Sachen nacheinander hoch und vergleicht, vor sich hinmurmelnd, mit einer Liste, auf der er Stück für Stück abhakt.

Picasso: eine Halskette mit Brillanten und Rubinen... Ein Goldbarren... Gewicht zwei Kilogramm... da haben wir ihn ja... Dann eine goldene Brosche mit Einlegearbeit...

Augusto, der ein Stück entfernt sitzt, leert gerade ein Glas Likör und schenkt sich das nächste ein.

Roberto verspeist im Stehen mit sichtlichem Appetit ein Omelett.

Im Kamin lodert ein helles Feuer, dessen Widerschein tanzend in den Juwelen aufblitzt, die auf dem Tisch aufgereiht liegen. Die beiden Frauen sind vom Anblick des Goldes und der Edelsteine fasziniert. Sie wirken völlig überwältigt.

Erste Alte (atemlos): Ist das alles echt?...

Roberto (in gespielt kindlichem Ton): Das möchte ich auch alles haben, eieiei...

Er tut, als fasse er sich wieder und sagt entschuldigend zu Augusto...

Roberto: Nichts für ungut, Monsignore... Ich meinte ja nur, wenn das nicht alles echt wäre, dann wäre es jetzt kohlschwarz nach all den Jahren, die es da drunten liegt...

Picasso: Also, wenn du mich fragst, sind das gut und gern fünf, sechs Millionen, ha...

Zweite Alte: Wieviel haben Sie gesagt?

Picasso weicht der Frage geschickt aus...

Picasso: Entschuldigen Sie, kann ich vielleicht ein Glas Wasser haben?

Die erste Alte sagt leise zur Schwester...

Erste Alte: Sechs Millionen!

Während die erste Alte das Wasser holen geht, bestätigt er...

Picasso: Ja, ja... an die sechs Millionen. Tja, soviel wird's etwa sein.

Roberto: Ach was, mehr sogar! Bei dem heutigen Goldkurs, Pater. Er ist schon wieder gestiegen, müssen Sie wissen.

Picasso: Ach ja, natürlich... dann muß es mehr sein. An die sieben Millionen.

Roberto probiert der Alten die Halskette an.

Roberto: Lassen Sie mal sehen...

Zweite Alte: Und wie machen wir's nun? Müssen wir mit euch teilen?

Picasso (beruhigt sie, sehr leise): Nein, nein, nein. Um Himmels willen... das kommt gar nicht in Frage... Es gehört euch. Es gehört alles euch.

Augusto nimmt ein Blatt Papier aus seiner Ledertasche, zeigt es Picasso und beginnt zu lesen.

Augusto: Bittesehr... (liest) »An den zuständigen Testamentsvollstrecker: In schrecklicher Reue über die von mir begangene Übeltat und in der Angst, für meine Sünden im ewigen Höllenfeuer büßen zu müssen, verfüge ich hiermit, daß sämtliche Reichtümer, die ich mir unrechtmäßig angeeignet und neben der Leiche meines Opfers vergraben habe, in die Hände der Besitzer des Grund und Bodens übergehen sollen, auf dem sie gefunden werden, da die rechtmäßigen Eigentümer alle verstorben sind. Ich stelle nur eine Bedingung...« (er hält inne und zeigt feierlich das Papier vor) Was ich da lese, ist das eigenhändige Testament. (beginnt wieder zu lesen) »... nur eine Bedingung: die Grundeigentümer müssen fünfhundert Messen für mein Seelenheil lesen lassen...«

Mit einem tiefen, traurigen Seufzer schließt er die Augen.

Die beiden Frauen sehen sich an, halb beruhigt, halb besorgt.

Erste Alte: Und die Messen müssen wir bezahlen?

Zweite Alte: Sollen wir sie von unserem Dorfpfarrer lesen lassen?

Augusto winkt ab.

Augusto (väterlich): Aber nein, nein... Ich werde sie in Sankt Peter lesen lassen... Das ist viel besser.

Picasso mischt sich mit einem diskreten Lächeln ins Gespräch...

Picasso: Fünfhundert Messen zu tausend Lire... (mit einem unschuldigen Lächeln) Was ist das schon.

Erste Alte (etwas betroffen, nüchtern): Das sind fünfhundert Tausender...

Augusto nimmt wieder das Blatt Papier zur Hand und liest weiter:

Augusto (liest): »Sollten die Besitzer des Gutes die Annahme des fluchbeladenen Goldes verweigern, bitte ich Seine Eminenz, es als Almosen an die Armen zu verteilen...«

Roberto hat aufgehört zu kauen, und Picasso kann seine Aufregung nur noch mit Mühe verbergen... Dies ist der entscheidende Moment. Die beiden Frauen blicken auf das Gold, sehen einander an. Die erste Alte macht einen letzten Vorstoß.

Erste Alte: Müssen wir alles auf einmal bezahlen?

Picasso: So steht es hier geschrieben...

Augusto breitet mit einem milden Kopfnicken die Arme aus; dann, als hätten die beiden bereits eingewilligt, sagt er ernst und geheimnisvoll...

Augusto: Und denkt immer daran, die Sache ist höchst geheim... Es handelt sich um einen Mordfall. Ihr könntet selbst in Verdacht geraten. (mit Nachdruck) Ihr dürft nie darüber sprechen, mit keinem Menschen!

Die beiden Frauen nicken beeindruckt.

Die erste Alte, die sich beim Gedanken, so viel Geld herausrücken zu müssen, versteift hat, sagt...

Erste Alte: So viel haben wir nicht auf einmal...

Die zweite Alte flüstert ihr rasch zu...

Zweite Alte: Wir verkaufen die Ochsen!

Die Schwester fährt sie barsch an...

Erste Alte: Halt den Mund!

Zweite Alte: Wir schaffen es schon.

Die drei Männer haben einen raschen Blick getauscht. Sie warten einen Augenblick ab. Dann bricht Picasso entschlossen das Schweigen und sagt laut und deutlich...

Picasso: Tja... Monsignore, wir könnten doch den Goldbarren nehmen... allerdings ist er viel mehr wert. Hhm... mindestens anderhalb Millionen, was?

Augusto (entschieden): Nein, nein, das kommt nicht in Frage! Wir müssen einen anderen Weg finden. Wissen Sie was, Don Pietro, packen Sie alles wieder ein, wir bringen es nach Rom zu Seiner Eminenz. Er wird schon eine Lösung finden, seien sie beruhigt. Also, wollen wir gehen?

Picasso: Gewiß, Monsignore... gewiß.

Und entschlossen macht sich Picasso daran, die Juwelen einzupacken und die Kiste zuzuklappen.

Die beiden Frauen machen plötzlich ängstliche Gesichter. Sie verständigen sich durch Blicke.

Erste Alte: Monsignore, entschuldigen Sie. Können Sie noch einen Moment warten? Ich muß mit meiner Schwester reden.

Picasso stellt die Kiste wieder auf den Tisch, während die beiden Alten leise aufeinander einredend zur Tür gehen.

Die drei Männer beobachten sie voller Unruhe.

(Abblende)

Bauernhof. Außen. Abend.

Der Tag geht zu Ende.
Über den stillen Hof trotten die Ochsen ihrem Stall zu. Ab und zu hört man ein tiefes Muhen.

Küche im Bauernhaus. Innen. Abend.

Die geräumige Küche ist in Halbdunkel getaucht. Augusto sitzt immer noch am Tisch und trinkt.
Die Flasche ist inzwischen halb leer. Picasso geht, die Hände reibend, nervös auf und ab.
Roberto sitzt rittlings auf einem Stuhl. Er schaukelt und bimmelt dabei mit einer Kuhglocke. Es herrscht eine spannungsgeladene,

erwartungsvolle Stimmung, die jeder auf seine Weise zu überspielen sucht.

Picasso: Roberto, laß das bitte, hörst du!

Schließlich bleibt Picasso stehen und blickt auf seine Armbanduhr. Er ist sehr beunruhigt.

Picasso: Leute, es ist schon fünf. Wir verschwinden hier besser.

Er wendet sich zu den beiden anderen und will gerade etwas sagen, als sich knarrend die Tür öffnet. Alle drei fahren herum.

Ins Zimmer tritt das Mädchen mit dem kleinen Kind auf dem Arm. Picasso beginnt mit dem Jungen zu schäkern...

Picasso: Ei, wo ist er denn? Ciao, mein Süßer!

Weißt du, daß du aussiehst wie ein kleines Teufelchen?

...und wendet sich dann mit gekünstelter Unbefangenheit an das Mädchen.

Picasso: Entschuldigen Sie, wo sind denn die Hausherrinnen geblieben?

Mädchen (mürrisch): Die sind ins Dorf, mit dem Fuhrmann.

Und das Mädchen geht, die Tür zuschlagend, aus dem Zimmer.

Picasso sieht die anderen alarmiert und verwundert an und fragt leise...

Picasso: Was, ins Dorf? Was wollen die im Dorf?

Roberto stößt ein unterdrücktes Lachen aus und sagt zynisch, als zitiere er eine Schlagzeile...

Roberto: »Fünfzigjähriger falscher Monsignore im Zuchthaus gelandet...«

Bauernhof. Außen. Abend.

Eine Kutsche kommt auf den dämmrigen Hof gefahren. Außer den beiden Frauen ist noch ein Mann dabei, der die Zügel hält.

Picasso ist neben Augusto an die Tür getreten; beide starren mit bleichen Gesichtern den Ankommenden entgegen.

Die beiden Frauen steigen aus der Kalesche und kommen auf sie zu, die erste bleibt wenige Schritte vor ihnen stehen und sagt halb besorgt, halb aggressiv...

Erste Alte: Vierhundertfünfundzwanzig?... (nach einer kleinen Pause wiederholt sie) Vierhundertfünfundzwanzigtausend?... Mehr haben wir nicht zusammengekriegt...

(Abblende)

Dorfstraße. Außen. Abend.

Eine Viertelstunde später biegt die schwarze Limousine, in der Augusto, Picasso und Roberto sitzen, in ein kleines Dorf an der Landstraße ein und durchquert es. Das Autoradio spielt eine sehr rhythmische Tanzmelodie.
Radiomusik
Das Auto verschwindet in der Ferne, und mit ihm die Klänge der Tanzmelodie.
(Abblende)

Piazza del Popolo in Rom. Außen. Nacht.

Das Auto mit Augusto, Roberto und Picasso hat auf der Piazza del Popolo angehalten. Picasso steigt aus und verabschiedet sich in aller Eile von den beiden anderen.
    Picasso: Ciao, Augusto!
    Augusto: Ciao!
Roberto schlägt die Wagentür wieder zu, und das Auto fährt weiter. Picasso, der ein Päckchen in der Hand hat, geht in Richtung Via del Babuino.
(Abblende)

Via Margutta. Außen. Nacht.

Picasso eilt mit schnellen, beinahe jungenhaften Schritten die Via Margutta entlang, mit seinem Päckchen in der Hand. Er tritt durch ein Haustor.

Treppe im Haus von Picasso. Innen. Nacht.

Picasso steigt die Treppe hinauf – eine typische Via Margutta-Treppe – indem er immer zwei Stufen auf einmal nimmt. Unterwegs sendet er einen melodischen Erkennungspfiff in die oberen Stockwerke hinauf, den er mehrmals wiederholt.
    Picasso (pfeift mehrere Male seinen Erkennungspfiff)
Dann ruft er hinauf...

Picasso: Iris! Iris!

Auf dem oberen Treppenabsatz tritt Iris, Picassos Frau, ans Geländer: eine kleinwüchsige, junge Frau, deren Gesicht fast immer ängstlich und verschüchtert wirkt. Sie ruft halb freudig, halb überrascht, aber mit einem besorgten Unterton...

Iris: Carlo!

Von unten ruft Picasso...

Picasso: Ciao! Zieh schnell die Kleine an und kommt runter! Wir gehen in die Trattoria... und dann ins Kino!

Iris: Aber wir sind doch gerade beim Essen!

Picasso: Ach was, wir gehen aus. Mach schnell.

Iris: Na schön.

Trotz ihres Einwands löst Iris sich vom Geländer und kehrt gutgelaunt in die Wohnung zurück.

Im obersten Stockwerk öffnet sich eine Tür. Picassos etwa fünfjährige Tochter Silvana kommt heraus und ruft...

Silvana: Papa!... Papa!... Ciao Papa!... Ciao Papa!

Picasso: Mein Schatz, komm her, komm zu Papa!

In der Küche nimmt Iris unterdessen den Kochtopf vom Herd und kippt den Inhalt in den Abfalleimer.

Die Kleine läuft auf der Trepe dem heraufkommenden Picasso entgegen. Sie wirft sich in seine Arme. Picasso hebt sie freudig hoch und umarmt und küßt sie immer wieder.

Silvana: Ciao, Papa.

Picasso geht weiter die Treppe hinauf, langsam, mit der Kleinen auf dem Arm, und sagt mit gespieltem Ernst zwischen zwei Küßchen...

Picasso: Da ist ja mein kleines Fröschchen!

Silvana: Wo warst du denn, Papa?

Picasso: Drück ihn ganz fest, deinen Papa. Weißt du was, gestern in Viterbo hat mich eine Signora gefragt: Signore, kennen Sie vielleicht ein kleines Mädchen in Rom, das Silvana heißt?

Silvana: Das bin ich, ich!

Picasso öffnet ein mitgebrachtes Päckchen und hält ein Handtäschchen in die Höhe.

Picasso: Da...

Silvana stößt ungeduldige kleine Freudenschreie aus und greift nach dem Täschchen. Sie packt es und überhäuft den Vater mit Küßchen.

Silvana: Oh, ein Täschchen für mich!

Picasso: Ja, mein Liebes... Wieviele Küßchen der Papa kriegt! Hör zu, jetzt lauf und hol die Mama, ja? Sag ihr, sie soll schnell kommen.

Picasso stellt die Kleine auf die Füße, und sie läuft die Treppen hinauf.

Picassos Wohnung. Innen. Nacht.

Silvana kommt mit dem Täschchen in der Hand ins Zimmer gestürmt.

Silvana: Mama! Guck mal, was Papa mir mitgebracht hat! Er sagt, eine Signora aus Viterbo hat es ihm gegeben. Aber ich glaub das nicht, weißt du.

Iris: Ooh!... Aber jetzt zieh dich schnell an, wir gehen essen, ja?

Iris hilft der Kleinen eilig ins Mäntelchen.

Iris: Und was war drin, in der Tasche? (gibt ihr eine Wollmütze) Da, die kannst du allein aufsetzen!

Iris zieht sich einen Montgomery-Mantel an, ordnet ihr Haar, wobei sie die Glasscheibe in der Tür als Spiegel benutzt, und geht mit der Kleinen hinaus.

Iris: Gehen wir!

Treppe in Picassos Haus. Innen. Nacht.

Während er wartet, entfernt Picasso das Papier von einem zweiten, kleineren Päckchen, bringt eine Brosche zum Vorschein und betrachtet sie; dann aber hört er Schritte auf der Treppe und schiebt sich die Brosche in die Tasche.

Iris im Montgomery-Mantel und die Kleine kommen den letzten Treppenabsatz herunter. Er geht ihnen entgegen und küßt Iris, die seinen Kuß erwidert.

Iris: Bist du endlich da, Liebster.

Picasso: Mein Liebes, wie geht es dir?

Iris: Du solltest doch schon gestern abend zurücksein!

Picasso: Ja, eigentlich schon...

Iris: Und warum bist du nicht gekommen?

Picasso: Ach, das erzähle ich dir später. Da, guck mal!
Er zieht das Etui mit der Brosche aus der Tasche und zeigt es Iris.
Iris erfreut und überrascht und leicht beunruhigt): Oh, ist das
für mich? Was das kostet...
Picasso: Ach, naja... Sag, gefällt sie dir?
Iris: Oh ja, sehr.
Silvana (off): Was ist es? Was ist es? Ich will's auch sehen,
Mama!
Iris: Komm, guck mal, da!
Picasso: Warte, ich stecke sie dir an (befestigt die Brosche am
Pullover seiner Frau.)
Iris: Wohin gehen wir denn essen?
Picasso: Wohin du willst. Wir überlegen es uns unterwegs.
Iris: Sie ist wundervoll! Sieh doch, was für ein hübsches
Geschenk... Gehen wir. Du hättest mir ja ein Telegramm
schicken können. Du weißt doch, daß ich mir Sorgen mache.
Picasso: Ich hab eben nicht daran gedacht. Ach komm...
Sie treten aus dem Haus und gehen die Stufen hinunter.
Iris: Und wenn ich dich mal brauche, weiß ich nie, wo du zu
finden bist!
Picasso: Ja, ja, aber das ist doch nicht meine Schuld.
(Überblendung)

Via Margutta. Außen. Nacht.

Die drei treten auf die Via Margutta hinaus.
Picasso (das Gespräch fortsetzend): ...Da kann man nichts
machen, so ist es eben, wenn man als fahrender Händler
arbeitet. Dafür haben wir alles verkauft, weißt du... In der
Nähe war gerade Markt und Augusto hat gesagt: da lohnt es
sich hinzugehen... und wir haben wirklich alles verkauft. Da,
guck mal, die haben uns sogar bar bezahlt.
Er zieht rasch ein Bündel Scheine aus der Tasche, das er Iris
triumphierend zeigt.
Iris (staunend): Gehört das alles uns?
Picasso: Na klar. Wem denn sonst?
Iris: Wieviel ist das?
Picasso: Hunderttausend sind's. Am besten machen wir es so:
mindestens zwanzigtausend bekommt die Trattoria.. (über-

legt) Ach was, zehn sind genug... und dann... Ach, sag mal, hat keiner nach mir gefragt, heute?

Iris: Nein... nein. Was hast du denn angestellt?

Picasso: Nichts, wieso, wir haben das Zeug verkauft, was denn sonst? (beginnt höchst erleichtert wieder zu rechnen) Also, zehn für den Wirt... Diese zehn für deine Mutter, damit sie uns in Frieden läßt...

Iris: Nein, nein, wir geben der Trattoria zwanzig, und wir bezahlen auch den Bäcker und alle andern. Dann habe ich wenigstens mal ein bißchen Luft und kann aus dem Haus gehen, ohne daß mich alle so komisch anschauen.

Picasso willigt mit übertriebenem Eifer ein.

Picasso: Schon gut, schon gut, wie du willst. Ach, am besten nimmst du gleich alles.

Er gibt ihr das Geld.

Iris: Oh, du wirst sehen, ich komme einen ganzen Monat damit aus. So kannst du wenigstens malen.

Picasso (mit der Kleinen schäkernd): Oh, was für ein niedliches Gesichtchen sie hat!

Iris (insistiert): He, du mußt wirklich malen, hörst du?

Picasso (ausweichend): Ja, klar muß ich das... Ach, Iris, was für schöne Gegenden ich gesehen habe! Weißt du, eines Tages müssen wir zusammen hinfahren. Landschaften und sanfte Hügel, von denen sogar die Holländer nur träumen können...

In dieser Weise weiterplaudernd – Iris untergehakt und die Kleine auf dem Arm – entfernt sich Picasso.

(Abblende)

Nachtclub »Grotte del Piccione«. Innen. Nacht.

Die Musiker auf dem Orchesterpodium spielen ein südamerikanisches Stück, während in der Mitte der Tanzbühne ein schwarzer Tänzer auf Rollschuhen einen wilden Tanz aufführt.

Der Saal ist halb leer. Nur wenige der kleinen Tischchen sind besetzt.

Als der Tanz zu Ende ist, ertönt müdes Händeklatschen. Ein Mann (Riccardo), der mit einem jungen Mädchen an einem der Tische sitzt, sagt in die Richtung des von der Bühne trottenden Negers...

Riccardo: Oh je, der arme Hund!

Augusto und Roberto, beide im dunklen Anzug, erscheinen am Eingang, wo sie stehenbleiben und sich mit der Miene von Stammgästen umsehen. Sie nicken den Kellnern grüßend zu, die aber keine Reaktion zeigen. Von den Musikanten jedoch wird ihre Ankunft zur Kenntnis genommen. Einer von ihnen stößt einen kleinen, gutturalen Schrei aus, den die anderen nachmachen, und für ein paar Augenblicke beschleunigt sich der Rhythmus der Musik.

Roberto (zu den Musikern): Hallo, grüßt euch, Jungs!

Musikant (spöttisch): Die Geldscheißer sind wieder da!

Augusto winkt dem Tabakverkäufer, der mit seinem Bauchladen herbeikommt. Augusto nimmt eine Schachtel Zigaretten aus dem Kasten und wirft sie einem der Musikanten zu.

Augusto: Da, nimm!

Dann nimmt er eine zweite Schachtel, die er einem anderen Musikanten zuwirft.

Augusto: Da hast du was zum Rauchen!

Musikant: Danke!

Augusto bezahlt den Zigarettenverkäufer, dann ruft er in weltmännischem Ton nach dem Kellner.

Augusto: Luigi, komm her!

Der Kellner nähert sich höflich und beflissen.

Augusto: Welches ist der beste Champagner, den ihr habt?

Kellner: Wir haben »Cordon Rouge« oder »Henry Jonet«.

Augusto unterbricht Roberto, der tanzend herumhüpft, und fordert ihn auf, seinen bevorzugten Champagner auszuwählen.

Roberto (lachend): Für mich... (dreht sich einmal um sich selbst) Henry Jonet!

Augusto, der demonstrativ einen Zehntausendlire-Schein schwenkt, bevor er ihn dem Kellner gibt, dreht sich kurz um und fügt, auf das Orchester deutend, hinzu...

Augusto: Und bring diesen Verdurstenden dort auch etwas!

Musikant: Danke!

Als der Kellner beim Maître vorbeikommt, flüstert er...

Kellner: Sie haben bestellt.

Roberto: Zum Wohl!

Riccardo: Na Roberto, wen habt ihr denn wieder unglücklich gemacht?

Unterdessen ist der Maître, der alles beobachtet hat, auf Augusto zugegangen, der sich mit Roberto an eins der Tischchen gesetzt hat, und gibt ihm Feuer.

Maître (vertraulich und servil): Alles in Ordnung, Signor Rocco?

Mit einem Kopfnicken dankt Augusto dem Maître, der sich wieder entfernt.

Roberto späht währenddessen immer wieder zu einem Tisch hinüber, an dem einige Amerikaner sitzen, darunter auch eine klunkerbeladene Dame mittleren Alters. Er wirft Augusto einen verschwörerischen Blick zu, erhebt sich, geht quer durch den Saal auf den Tisch der Amerikaner zu und fordert die Dame zum Tanz auf.

Die Amerikanerin fühlt sich sehr geschmeichelt; sie steht auf und beginnt mit Roberto zu tanzen.

Riccardo und sein Mädchen stehen ebenfalls auf und tanzen. Der Kellner tritt an Augustos Tisch und bringt den Sektkübel.

Riccardo: He, Roberto... Roberto! Hast du den Cadillac draußen gesehen? Die stinkt vor Geld!

Angenehm überrascht zwinkert Roberto dem Kumpel zu und wispert dann der Amerikanerin ins Ohr...

Roberto: Do you like Italy?

Amerikanerin: Yes. Very much.

Augusto, der angefangen hat, Champagner zu schlürfen, schaut im Saal umher und erblickt ein hübsches junges Mädchen im schwarzen Ballettröckchen. Sie lehnt an der Wand und sieht ihn aus großen, blauen Augen unverwandt an.

Augusto mustert sie in unmißverständlicher Weise von Kopf bis Fuß. Dann fragt er, um das Eis zu brechen, mit gelassener Miene...

Augusto: Arbeiten Sie hier?

Maggie, so heißt das Mädchen, antwortet unverzüglich, mit ausländischem Akzent.

Maggie: Wie bitte?

Augusto: Ich sagte... tanzen Sie hier?

Maggie: Ich mache den Harlekin.

Augusto sieht sie belustigt an.

Augusto: Was bist du? Deutsche?

Maggie: Nein, ich bin Engländerin.

Nach einer kurzen Pause wendet sich Augusto erneut an das Mädchen, das leise vor sich hin trällert.

Augusto: Und singen tust du auch?

Das Mädchen schüttelt den Kopf und erwidert...

Maggie: Nein. Ich singe nur so zum Spaß...

Augusto: Wie schön du bist!

35

Das Mädchen ist über das Kompliment sichtlich erfreut.

Das Mädchen dreht sich um (ins Off) und ruft eine andere Tänzerin.

> *Maggie:* Frances!
>
> *Frances:* Yes!
>
> *Maggie* (zu Augusto): Ich muß jetzt gehen. Meine Nummer ist dran.
>
> *Augusto:* Ja, ja, geh nur.

Die junge Engländerin lächelt Augusto noch einmal verschwörerisch zu und tänzelt zusammen mit der anderen Ballerina auf die Bühne zu. Die beiden beginnen ihre Tanznummer. Augusto sieht Maggie interessiert zu.

Am Tisch der Amerikaner notiert sich Roberto gerade eine Telephonnummer. Dann sagt er zu den Amerikanern...

> *Roberto:* Okay... äh... Tomorrow morning... I look... äh... Auto... (tut als steuere er ein Auto.)

Einer der Amerikaner fragt...

> *Amerikaner:* What do yo mean, a car?
>
> *Roberto:* Automobil... Two millions!
>
> *Amerikaner:* Two millions? Oh... that's a lot. Is that your car?
>
> *Roberto:* Ja, meins, meins... Wonderful!
>
> *Amerikaner:* Must be a very fine car!

Roberto küßt der Amerikanerin die Hand.

Die junge Engländerin tanzt unter Augustos aufmerksamem Blick.

Ein paar Stunden später. Das Lokal wird gerade geschlossen. Die Musikanten haben ihre Instrumente verstaut und gehen nach Hause. Roberto amüsiert sich damit, auf dem Schlagzeug herumzuspielen und macht einen Höllenlärm.

> *Musikant* (verabschiedet sich von Augusto): Gute Nacht.
>
> *Augusto* (zu Roberto): Du machst noch alles kaputt!
>
> *Roberto:* Laß mich in Ruhe.

Und er drischt weiter auf die Trommeln ein. Dann hält er plötzlich inne und lacht frech.

> *Roberto:* Augusto, hör mal zu. Das ist für dich.

Dabei schlägt er rhythmisch auf die Trommel und entlockt ihr dumpfe Grabestöne.

Augusto, der leicht beschwipst ist, wendet sich zum Kellner, der gerade das Lokal ausfegt, und sagt verärgert...

> *Augusto:* Da siehst du, mit welchen Taugenichtsen ich arbeiten

muß. Diese Kerle können nichts anderes, als sich von Frauen aushalten zu lassen! Da kann ich nur lachen...

Kellner: Nun ja, das ist die heutige Jugend.

Augusto: Ich bin nie so gewesen! Ich habe immer im großen Stil gearbeitet. Ich bin durch die ganze Welt gekommen und habe immer alle ausgetrickst. Die Welt ist voller Trottel. Ich würde es sogar fertigbringen, den Eskimos Eis zu verkaufen. Aber ich muß mit solchen Dilettanten arbeiten. Ich werde mich wieder selbständig machen.

Während Augusto spricht, hat sich der Kellner das Jackett ausgezogen und ist gegangen.

Aus der Garderobe kommt Maggie, die junge Engländerin, schon umgezogen und fertig zum Gehen. Sie nähert sich Augusto.

Maggie: Wollen wir gehen?

(Abblende)

Straße vor dem Nachtlokal. Außen. Morgengrauen.

Jetzt, um vier Uhr morgens, ist die Straße menschenleer; das bleiche Licht der Morgendämmerung läßt alles fahl erscheinen. Aus der Tür des Nachtlokals kommen ein Musikant, Roberto, Augusto und Maggie.

Roberto hat die Geige in der Hand. Der Musiker protestiert und will sie wiederhaben.

Musikant: He, gib mir die Geige, die geht kaputt. Laß das, sie geht kaputt! So eine Geige kostet vierzigtausend Lire, gib sie her!

Roberto: Nein, du kriegst sie nicht, wenn du mir nicht etwas vorspielst.

Dabei tanzt er trällernd herum und tut, als spiele er auf der Geige.

Musikant: Komm, gib her, ich spiel dir was.

Roberto: Spielst du wirklich?

Musikant: Ja, bestimmt.

Roberto gibt ihm das Instrument zurück.

Roberto: Na los, fang an!

Der Geiger beginnt zu spielen, während Roberto summend und mit dem Geigenkasten in den Armen ein paar Tanzschritte andeutet. Augusto, der Arm in Arm mit Maggie hinter den beiden hergeht, sagt zu seiner Begleiterin...

Augusto (auf Roberto deutend): Hübscher Bursche, was? Gefällt er dir?
Maggie sieht Augusto voll Sympathie an.
Maggie: Ich möchte lieber bei dir bleiben. Willst du nicht?
Roberto und der Geiger gehen mitten auf der Straße weiter, gefolgt von Augusto und Maggie.

Ein Platz in Rom. (Piazza Vescovio oder Piazza Verbano.) Außen. Tag.

Ein paar Tage sind vergangen.
Eine Piazza in einem der neueren Stadtviertel, um acht Uhr morgens. Es regnet.
Scharen von Kindern auf dem Schulweg, Geschäfte, die gerade geöffnet werden.
Ein Topolino hält vor einem Hauseingang. Ein großgewachsener, fülliger Mann steigt aus und eilt wütend zur Tür hinein.

Innenhof im Haus von Augusto. Außen. Tag.

Der Innenhof eines großen, erst vor kurzem errichteten, aber bereits hoffnungslos heruntergekommenen und schmutzigen Wohnhauses. Der Regen macht die ganze Szene noch trübseliger.

Augustos Büro-Wohnung. Innen. Tag.

Ein düsterer, kleiner Büroraum, der Augusto als Behausung dient, wenn er kein Geld fürs Hotel hat.
Auf einem alten Ledersofa im hinteren Teil des Raums, wo es fast dunkel ist, liegt Augusto, in mehrere Decken eingehüllt, und schläft tief und erschöpft. Auf dem Boden liegen Zigarettenstummel. Der Regen prasselt gegen die Fensterscheiben.
Geräusch des Regens
Ein wütendes Klopfen an der Eingangstür reißt Augusto aus dem Schlaf. Er fährt hoch und setzt sich auf, wachsam und angespannt wie ein Wolf in seinem Versteck.
Klopfen an der Tür

Augusto bleibt reglos sitzen und horcht.

Das Klopfen wiederholt sich beharrlich.

Klopfen an der Tür

Augusto steht auf. Er ist angekleidet, aber ohne Schuhe. Auf Zehenspitzen schleicht er vorsichtig in den kleinen Korridor hinaus und nähert sich der Tür, um durch den Spion hinauszulugen.

In dem runden Guckloch erscheint das zornige, aggressive Gesicht eines dicken, großgewachsenen Mannes. Das Klopfen wird lauter und drängender.

> *Stimme des Mannes:* Rocca! Mach auf!

Augusto rührt sich nicht und hält den Atem an.

> *Stimme des Mannes:* Einmal mußt du doch rauskommen! Mach auf!

Augusto gibt keine Antwort. Mit einer Miene, die zynisch und gleichgültig sein soll, lehnt er sich neben der Tür an die Wand und kramt in seinen Hosentaschen nach einer Zigarette. Nach einer Weile hört man draußen vor der Tür ein undeutliches Gebrummel und das Geräusch von Schritten, die sich auf der Treppe entfernen.

Augusto atmet erleichtert auf, steckt die Zigarette zwischen die Lippen, geht ins Zimmer zurück, tritt ans Fenster und späht vorsichtig zur Straße hinunter.

Durch die Vorhänge ist drunten auf der Straße die Gestalt des Unbekannten zu sehen, der in einen Topolino steigt, nachdem er einen Augenblick stehengeblieben ist und hinaufgeschaut hat. Das Auto fährt davon.

Beruhigt zündet Augusto seine Zigarette an.

Dann sieht er auf die Uhr. Es ist acht. Er geht an den Schrank (einen Bücherschrank) und nimmt einen dunklen Anzug heraus.

Er legt den Anzug über den Stuhl. Vom Tisch, der neben dem Sofa steht, nimmt er ein Brillenetui, öffnet es und nimmt eine Brille mit Goldrand heraus.

Er setzt sie zur Probe auf und nimmt sie sofort wieder ab. Dann setzt er sich aufs Sofa, hebt seine Schuhe vom Boden auf und poliert sie mit einem Lappen, bevor er sie sich anzieht.

(Abblende)

Café Canova. Innen. Tag.

Im Café sitzt Augusto und unterhält sich mit einem hochgewachsenen Herrn aus Mailand. Er zieht ein kleines, in Seidenpapier gewickeltes Päckchen aus der Brusttasche seines Jacketts und entnimmt ihm behutsam eine zierliche Damenuhr.

> *Augusto:* Da, sehen Sie. Ich versichere Ihnen, Sie machen ein Geschäft damit, mein Ehrenwort! Ich bin im Moment ein bißchen knapp, völlig abgebrannt. Ich gebe sie Ihnen für fünfzehntausend. Sie gehört meiner Frau. Ich habe sie ihr selbst geschenkt und, glauben Sie mir, ich würde sie nie und nimmer verkaufen, wenn... wenn mir das Wasser nicht bis zum Hals stünde. Sie wissen ja, so etwas kann jedem einmal passieren, und...

Der Mailänder nimmt die Uhr und mustert sie eingehend. Dann schüttelt er lächelnd den Kopf.

Roberto kommt herein.

> *Roberto:* Hallo! Guten Tag.

Er erblickt die Uhr und sagt mit schmerzlichem Erstaunen...

> *Roberto:* He, was soll das, verkaufst du sie?

Augusto macht ein bitteres, schicksalsergebenes Gesicht.

> *Augusto:* Ach, ja...
> *Roberto:* Für wieviel denn?
> *Augusto:* Fünfzehntausend.
> *Roberto* (indigniert): Was? Dann nehme ich sie...

Sofort reicht der Mailänder ihm mit tiefernstem Gesicht die Uhr.

> *Mailänder:* Sie möchten sie kaufen? Bitte sehr, sie gehört Ihnen... (zu Augusto) Mehr noch, wenn Sie derlei Geschäfte treiben, so kann ich Ihnen in aller Bescheidenheit, drei Dutzend solcher Uhren liefern, das Stück zu tausendfünfhundert, portofrei...

Augustos Gesicht verfinstert sich.

> *Augusto:* Entschuldigen Sie, was soll das heißen?
> *Mailänder:* Das soll heißen, daß ich sie in Lugano für fünfhundert Lire kaufe. Und daß ich in dieser Branche weiß geworden bin. (hebt den Hut und zeigt sein weißes Haar) In aller Bescheidenheit! (zu Roberto) Was trinken Sie?
> *Roberto* (rasch): Sympathisch, der Alte. Einen Campari!

Augusto nimmt die Uhr wieder an sich, wickelt sie ein und steckt sie in die Tasche.

Mailänder (zu Augusto): Und Sie?

Augusto: Ich... einen Negroni vielleicht.

Mailänder (zum Barmann): Einen Campari, einen Negroni und eine Limonade. (zu Augusto) Tut mir wirklich leid für Sie. (geht zur Kasse, um zu bezahlen)

Roberto (zu Augusto): Hast du nicht gemerkt, daß der ein Schlitzohr ist?

Herein kommt Vargas mit einer dicken Mappe unter dem Arm, in Begleitung von Picasso. Er bleibt stehen und blickt zu Augusto hinüber.

Vargas: Augusto!

Roberto: Der Baron ist da!

Vargas gibt Augusto ein Zeichen, er solle im Nebenzimmer auf ihn warten.

Augusto (zum Barmann): Der Mailänder hat bezahlt, hörst du!

Roberto (zum Barmann): Bring das Zeug dort rüber, ja?

Augusto geht auf die Tür zum Hinterzimmer zu.

Picasso: Ciao, Augusto!

Augusto: Ciao!

Picasso (in Hochstimmung): Sieht aus, als sei alles geritzt für morgen früh. (dann zu Roberto, indem er ihm eine Hand auf die Schulter legt) Weißt du's schon, Vargas hat wieder eine tolle Idee. Draußen, vor der Stadt...

Picasso und Roberto gehen hinter Augusto her. Alle drei verschwinden im Hinterzimmer.

(Abblende)

Vorstadtviertel von Rom. Außen. Tag.

Die uns schon bekannte schwarze Limousine biegt in eine schmale Straße der fast ländlich wirkenden, äußersten Peripherie von Rom ein, gefolgt von einer Horde kreischender Kinder. Das Auto hält vor einer Reihe von Baracken, die sich wie kümmerlicher, ungleichmäßiger Pilzbewuchs an die Ruinen eines antiken Aquädukts klammern. Die Kinder drängeln sich mit freudigem Geschrei an den Wagentüren.

Die Vordertür wird geöffnet, der Fahrer steigt aus und versucht, die Kinder wegzuscheuchen. Es ist Roberto in seiner Chauffeuruniform.

Im Auto sitzen Augusto und Picasso, der elegant herausgeputzt ist
und die übliche Aktentasche unter dem Arm hat.
Picasso steigt nicht gleich aus; er zögert einen Augenblick und wirkt
ein wenig aufgeregt.
Augusto flüstert ihm barsch zu...

> *Augusto* (leise): Los, rühr dich!

Roberto macht die Wagentür auf.

> *Roberto* (zu Picasso): Dottore, bittesehr.

Picasso steigt aus und blickt um sich.
Auf einer der Baracken hockt ein Kind, das leise vor sich hinwimmert. Picasso geht auf den Kleinen zu und nimmt ihn mit einem
offenherzigen Lächeln und mit spontaner Zuneigung auf den Arm.

> *Picasso:* Nanu, was ist denn mit dir? Seht ihn an, ganz allein da
> oben... wer hat dich denn da raufgesetzt? Was machst du da?
> Bist du Bergsteiger? Nicht weinen. Komm her. Komm her zu
> mir... ich heb dich runter.

Roberto, der am Auto lehnt, beobachtet ihn verdutzt und sagt ins
Wageninnere hinein...

> *Roberto:* Augusto... was macht der da?

Picasso hat immer noch das Kind auf dem Arm.

> *Picasso:* Na, willst du mir nicht sagen, wie du heißt? Hast du
> Angst vor mir?

Aus der Baracke kommt ein gedrungener, vierschrötiger Typ (Bevilacqua), der wütend auf Picasso zueilt, um ihm das Kind zu
entreißen.

> *Bevilacqua:* Heda, was tun Sie da? He, das ist mein Kleiner, daß
> Sie's wissen!

Picasso gibt ihm das Kind.

> *Picasso:* Ich habe ihm nichts getan, er hätte doch vom Dach
> runterfallen können.

Dann, indem er die Tasche nimmt, die er auf das Dach gestellt
hatte...

> *Picasso:* Ach ja, hören Sie, könnten Sie vielleicht so gut sein und
> mir sagen, wo... äh... Herr Sigismondo Giacotti wohnt?

Er öffnet die Mappe und blättert in irgendwelchen Papieren.
Bevilacqua dreht sich um und ruft einen Mann herbei, der an einer
anderen Baracke lehnt.

> *Bevilacqua:* He, ist Sigismondo Giacotti da?
>
> *Mann:* Der ist doch ins Krankenhaus gekommen, oder?

Bevilacqua wendet sich wieder zu Picasso.

Bevilacqua: Der ist im Krankenhaus.

Picasso ist für einen Augenblick verunsichert.

Picasso: Ah... hm... und der hier Giovanni äh –... Bartoli?

Bevilacqua: Giovanni Bartoli?

Picasso: Genau.

Bevilacqua (hinter Picasso deutend): Fragt mal den da!

Ein alter Mann nähert sich Picasso mit mißtrauischem Gesicht.

Alter Mann (Bartoli): Was wollt Ihr von Giovanni Bartoli?

Picasso: Ach, nichts weiter... es ist wegen der Zuweisung der Sozialwohnungen.

Bartolis Gesicht hellt sich auf.

Bartoli: Der bin ich!

Bevilacqua (eifrig): Ah, gibt's jetzt Wohnungen?

Picasso: Aber sicher!

Bevilacqua: Ich habe das Gesuch schon vor zwei Jahren eingereicht.

Bartoli: Bei mir sind's auch schon zwei Jahre!

Bevilacqua (deutet mit dem Finger auf Picassos Papiere): Da, da steht Bevilacqua... Bevilacqua!

Picasso: Bevilacqua?

Ein anderer Mann mischt sich ein.

Mann: Dottore, ich habe auch einen Antrag gestellt, aber es hat sich nie jemand gemeldet.

Picasso ist verwirrt. Er kann nicht allen gleichzeitig anworten, und so sagt er hastig...

Picasso: Nein, nein, nein, bitte nicht alle durcheinander. Dort ist der Commendatore, der... wird euch gleich alles erklären. Kommt mit, kommt!

Damit geht er zum Auto zurück, während sich die Kunde von der Zuweisung der Wohnungen wie ein Lauffeuer ausbreitet.

Augusto blickt aus dem Auto auf Picasso und setzt sich eine Brille auf die Nase.

Aus den Baracken kommen immer mehr Leute, die laut durcheinanderschwatzend das Auto umringen, während Picasso die Wagentür öffnet und Augusto aussteigt. Die Leute drängen sich um die beiden. Roberto versucht sie abzuwehren.

Roberto: Langsam, langsam!

Augusto blickt mit einem gütigen, väterlichen Lächeln nach allen Seiten.

Ein Alter läuft auf ihn zu und zieht den Hut.

Alter: Guten Tag, Commendatore. Endlich lassen Sie sich mal sehen!

Augusto wendet sich mit gestrenger Miene an Picasso...

Augusto: Haben Sie den Leuten alles erklärt?

Picasso: Jawohl, Commendatore. Ich habe gesagt, daß wir wegen der Zuweisung gekommen sind. Die erste Familie wohnt da drunten, heißt es.

Augusto: Ausgezeichnet.

Eine Frau ruft ihrer weiter entfernt stehenden Freundin zu...

Frau: Wir kriegen Wohnungen!

Die Freundin antwortet mit skeptischem Lächeln...

Freundin: Ha, Wohnungen!

Gefolgt von Picasso und umringt von der lärmenden Menge, setzt Augusto sich in Bewegung und geht zwischen den zwei Barackenreihen hindurch. Alle schreien aufgeregt durcheinander und melden lauthals ihr Recht auf die Zuteilung einer Wohnung an.

Ein hagerer, olivbrauner, zigeunerhafter Typ im schwarzen Mantel geht rückwärts vor Augusto her und versucht wild gestikulierend die ihm widerfahrene Ungerechtigkeit darzustellen.

Mann (mit südlichem Akzent): Commendatore, Commendatore, Euch hat wahrhaftig die Vorsehung gesandt, Commendatò... Ich heiße Sor Antonio. Vierzehn Monate sind es her, daß ich den Antrag auf eine Wohnung gestellt habe!

Eine schwarzgekleidete Frau kommt aus einer der Baracken gestürzt und brüllt...

Frau: Wer soll eine Wohnung kriegen? Dieser Halunke?

Augusto und Picasso gehen weiter, bestürmt von der schreienden Menschenmenge.

Stimmen aus der Menge: Ich habe den Antrag schon vor zwei Jahren gestellt... Wir vor vier, Commendatore... wir warten seit zwei Jahren... Ein Diebespack ist das!

Augusto und Picasso werden von der bettelnden Menge beinahe umgestoßen. Augusto bleibt stehen und brüllt aufgebracht...

Augusto: Ruhe, bitte, Ruhe! Na so was, wollt ihr endlich still sein?!

Die Menge beruhigt sich, und Augusto spricht weiter.

Augusto: In einem Monat werden die ersten Wohnungen zugeteilt.

Bevilacqua (mit dem Kind auf dem Arm): Das habt ihr schon so oft gesagt, wir glauben euch nicht mehr!

Wie aufgestachelt bricht die Menge erneut in wildes Geschrei aus.
Augusto hebt die Hände und bittet um Ruhe, während er Picasso die
Papiere aus der Hand nimmt und in der Luft schwenkt.

Augusto: Ruhe! Einer nach dem anderen, bitte! Hier sind die
Verträge... Ihr müßt unterschreiben und die erste Rate bezahlen.

Die Begeisterung läßt schlagartig nach. Ängstliche Betroffenheit
breitet sich unter der Schar von Obdachlosen aus. Es tritt eine kurze
Stille ein.

Eine Frau: Und wieviel wäre das?

Augusto (mit väterlichem Ernst): Das kommt auf die Zahl der
Zimmer an... Achttausendneunhundert, neuntausendfünf-
hundert... zehntausend... je nach Anzahl der Räume... Es
hängt davon ab, wieviele Zimmer es sind, verstanden?

Ein Mann tritt vor und fragt...

Mann: Und wer das Geld nicht hat?

Augusto: Wenn einer kein Geld hat und die Rate nicht bezahlen
kann, so ist das auch nicht weiter schlimm, dann kommt er auf
die Warteliste und die Wohnung wird dem Nächsten zugewie-
sen... Immer schön der Reihe nach... nach dem Datum des
Gesuchs... jeder kommt dran, ihr könnt beruhigt sein.

Dabei hebt Augusto die Listen hoch und schwenkt sie über seinem
Kopf.
Wieder herrscht einen Augenblick lang zögerndes Schweigen.
Dann wagt sich eine Frau vor.

Erste Frau: Wieviel wäre es denn bei mir?... Ada Colangeli?

Augusto gibt Picasso, der ihn ob seiner Selbstsicherheit bewundernd
angestarrt hat, die Blätter zurück.
Picasso nimmt die Liste und blättert darin, während sich die Frau
dicht an ihn drängt, um auf der Liste selbst nach ihrem Namen zu
suchen. Nun beginnen auch andere zu fragen.

Alter Mann: Und ich, Fiorelli Luigi?

Augusto: Wann haben Sie den Antrag gestellt?

Alter Mann: Vor drei Jahren.

Augusto (zu einer alten Frau): Und Sie?

Alte Frau: Maria Bove, Commendatore, Bo-ve!

Augusto (zu einer mit einem Kind auf dem Arm): Und Sie?

Frau mit Kind: Calabrò Caterina.

Augusto: Calabrò?...

Frau mit Kind: Caterina.

45

Augusto: Haben Sie auch einen Antrag gestellt?

Frau mit Kind: Ja, vor fünf Monaten.

Vom Eingang eines Bretterverschlags her ruft ein hagerer Typ empört...

Der Hagere: Ich habe den Antrag schon vor zwei Jahren gestellt!

Hinter ihm taucht Sor Antonio auf und ruft aufgebracht...

Sor Antonio: Was heißt zwei Jahre! Du hast ein Haus gehabt und hast es verkauft! (dann zu Augusto) Commendatore, der verdient wirklich kein Mitleid.

Der Hagere faucht Sor Antonio an...

Der Hagere: Was redest du da? Das war gar nicht mein Haus.

Ein dritter, hochgewachsener Mann, der sich durch seine saubere Kleidung von den anderen unterscheidet, tritt zwischen die beiden.

Hochgewachsener Mann: Was, nicht deins? Du wolltest es doch an mich verkaufen, das Haus!

Eine Frau lädt Augusto ein, in ihre Baracke zu kommen.

Frauenstimme (off): Kommen Sie herein, Commendatore!

Augusto und Picasso gehen, zwischen der Menge eingekeilt, auf die Baracke zu, während Roberto damit beschäftigt ist, die Obdachlosen zurückzuhalten, die sich alle gleichzeitig in die Baracke drängen wollen.

Baracke. Innen. Tag.

Der Aufforderung der Frau folgend, die sie überschwenglich empfängt, treten Augusto und Picasso in die Baracke. Ein breites Bett, ein Tisch, ein paar ungleiche Stühle, eine Kommode, ein gußeiserner Herd.

Frau (off): Entschuldigen Sie, wenn es ein bißchen unordentlich ist. Treten sie näher, Commendatore. Setzen sie sich, bittesehr... nehmen Sie Platz.

Augusto setzt sich und legt die Papiere, die er in der Hand hat, auf den Tisch.

Draußen laufen immer mehr Obdachlose auf die Baracke zu.

Stimme von Bevilacqua (off): Wie denn, ich habe als erster mit ihm gesprochen, und jetzt wollt ihr mich nicht mal hineinlassen?

Roberto (off): Schon gut, aber immer nur einer!

Augusto blickt ungeduldig über die Menge und fordert sie auf, sich zu beruhigen.

Augusto: Ruhe!... Wollt ihr wohl ruhig sein!

Er zieht einen Federhalter aus der Tasche, um die Namen abzuhaken. Plötzlich bemerkt er einen kleinen Jungen, der links neben ihm aufgetaucht ist und ihn streichelt. Es ist Bevilacquas Sohn, den der Vater auf Augusto zuschiebt.

Bevilacqua (off): Das ist mein Kleiner. Los, Giorgio, sag dem Commendatore schön Guten Tag.

Augusto kneift den Kleinen zärtlich in die Wange. Dann, in der darauffolgenden relativen Stille, fragt er...

Augusto: Wer ist der erste?

Picasso, der ebenfalls eine Liste in der Hand hat, ruft...

Picasso (off): Ernestino Giacotti!

Eine Stimme im Gedränge antwortet.

Stimme (off): Das bin ich, Commendatore. Gott segne Euch!

Picasso ruft den nächsten auf.

Picasso: Gino Bevilacqua!

Bevilacqua: Hier! Hier bin ich.

Picasso: Achttausendfünfhundert Lire, ja?

Am Tisch sagt Augusto zu Ernestino Giacotti...

Augusto: Na los! Unterschreiben Sie hier.

Picasso: Sechstausendneunhundert Lire... Mingozzi Teresina.

Ein langhaariger Alter nähert sich Augusto von hinten mit einer Handvoll Geld und zeigt es ihm mit Genugtuung.

Langhaariger Alter: Commendatore, Commendatore! Ich habe das Geld, sehen Sie? Neuntausend Lire. Ich heiße De Felice Giovanni.

Eine noch junge Frau schiebt sich mühsam durch die Menge an der Tür. Sie hat ein paar Tausendlirescheine in der Hand und hebt sie hoch, um sie zu zeigen.

Junge Frau: Hier, sehen Sie! Ich habe fünftausend Lire!

Sor Antonio, der neben ihr im Gedränge steht, fragt...

Sor Antonio: Könntest du mir nicht tausend Lire borgen?

Junge Frau: Ha, ausgerechnet dir!

Roberto (off): Vorwärts! Macht schnell!

Laut schwatzend, bittend und flehend, drängeln sich die Obdachlosen weiter an der Barackentür.

(Abblende)

Eine Straße im Zentrum. (Piazza Navona.) Abend.

Es ist Silvesterabend.

Auf der Piazza Navona herrscht ungewohntes Leben. Verkaufs-
stände aller Arten, Lichtergirlanden, festliche Dekorationen. Die
Leute spazieren mit Päckchen und Paketen unterm Arm durch die
Straßen. Vereinzelt hört man Knallfrösche krachen.

Augusto und Picasso schlendern, ebenfalls mit Päckchen in der
Hand, zwischen den Verkaufsständen umher.

Picasso ist aufgekratzt und fröhlich wie ein Kind, und auch Augusto
wirkt jünger als sonst.

> *Picasso:* Ah, Augusto, hörst du, du bekommst noch zehntau-
> send Lire von mir!

Dann bleibt er stehen und schaut den Seifenblasen nach, die ein
Händler neben ihm macht, um Kunden anzulocken.

> *Picasso:* Die gefallen mir! Guck doch, Augusto! (zum Verkäu-
> fer) Darf ich's auch mal probieren, bitte?
> *Verkäufer:* Zweihundert Lire, die Seifenblasen! Machen Sie
> Ihren Kindern eine Freude!

Picasso nimmt den Becher und den Strohhalm des Verkäufers und
versucht Seifenblasen zu machen, aber es gelingt ihm nicht, weil er
zu heftig pustet.

> *Picasso:* Wieso geht es denn nicht?
> *Verkäufer:* Nicht so, Signore! Sie müssen ganz vorsichtig
> blasen.

Der Verkäufer zeigt Picasso, wie man es macht. Aus dem Strohhalm
kommen Seifenblasen.

> *Picasso:* Ah, gut, jetzt hab ich's kapiert! Lassen Sie mich mal.
> Vorsichtig blasen. Ich hab's kapiert! Augusto, paß auf!

Picasso bläst von neuem, und aus dem Strohhalm kommen Seifenblasen.

Augusto beobachtet Picasso mit belustigtem Kopfschütteln.

> *Verkäufer:* Macht Spaß, nicht wahr, Signore? Nehmen Sie sie
> doch, kosten ja nur zweihundert Lire. Sie sparen sich die teuren
> Spielsachen und machen Ihre Kinder mit zweihundert Lire
> glücklich!

Picasso bläst weiter Seifenblasen in die Luft, vergnügt wie ein kleiner
Junge.

> *Picasso:* Hübsch, nicht wahr? Gefällt dir so etwas nicht,
> Augusto? (zum Verkäufer) Also gut, packen Sie's mir ein.

Augusto wird langsam ungeduldig und treibt Picasso zur Eile.

Augusto: Los, gehen wir!

Picasso: Ja, gleich, ich bezahle, und dann gehen wir. Ich will sie Silvana mitbringen. Du weißt ja, wie sie ist. Bestimmt hat sie daran mehr Spaß als an allem anderen.

Picasso gibt dem dankenden Händler das Geld und geht zusammen mit Augusto weiter.

Augusto: Amüsier dich nur! Du bist ja noch ein Kind.

(Lautes Gehupe)

Ein großer, auf Hochglanz polierter Cadillac kommt hinter Augusto und Picasso herangeschossen und bremst scharf ab. Die beiden springen mit einem halben Fluch auf den Lippen zur Seite.

Augusto: Verd...

Begleitet von einem genüßlichen, schallenden Spottgelächter tönt eine Stimme aus dem Auto, die Augusto zur Begrüßung mit Schimpfwörtern überhäuft.

Rinaldo: Widerling!... Mistkerl!... Jammerlappen!... Zuchthäusler, Gauner, alter Gockel! Was treibst du denn hier?

Augusto, der sich immer noch nicht ganz gefaßt hat, kann nicht erkennen, wer am Steuer sitzt. Ist es eine blonde, juwelengeschmückte junge Dame im Pelzmantel? Picasso steht sprachlos da und glotzt auf das Auto. Augusto ist in Wut geraten und antwortet dem Fahrer...

Augusto: Elender Lump!

Rinaldo (lachend): Augusto, ich bin's doch! Erkennst du mich nicht? Was ist denn mit dir los?

Plötzlich erkennt Augusto in dem Mann am Steuer einen seiner Freunde, und sein Gesicht hellt sich auf. Freudig überrascht ruft er...

Augusto: Rinaldo!

Rinaldo beugt sich übers Lenkrad, um sich zu zeigen, und lächelt Augusto zu. Er ist ein noch junger, aber bereits kahlköpfiger Mann mit großen, wässrigen Augen und breiten, sinnlichen Lippen.

Rinaldo: Wo willst du hin?

Augusto deutet völlig verdattert und plötzlich recht servil auf Picasso.

Augusto: Ich muß zur Piazza del Popolo... aber ich hab einen Freund dabei.

Rinaldo: Ach so. Soll er eben auch mit einsteigen, ich bringe euch hin.

Ohne große Umschweife und immer noch lachend greift Rinaldo über die junge Dame hinweg, die während der ganzen Zeit stumm und reserviert neben ihm gesessen hat, und öffnet die Wagentür. Er klappt die Lehne ihres Sitzes nach vorn, so daß sie sich weit vorbeugen muß, um Augusto hineinzulassen, der seinerseits Picasso leise und hastig zum Einsteigen auffordert.

>*Augusto:* Los, Picasso!
>
>*Junge Dame* (protestiert): Oh, was bist du für ein Trampel!
>
>*Rinaldo:* Und wenn schon, das spielt doch keine Rolle!

Augusto und Picasso schlüpfen wie zwei Mäuse in den Luxus-schlitten.

>*Rinaldo:* Sieh mal an, treffe ich dich doch tatsächlich noch am letzten Tag des Jahres!
>
>*Picasso:* Guten Abend, Signora.
>
>*Rinaldo:* Guten Abend, guten Abend...

Das Auto stößt ein Stück zurück und fährt dann los.

Im Auto von Rinaldo. Nacht.

Rinaldo, der am Steuer sitzt, dreht sich immer noch lachend zu Augusto um.

>*Rinaldo:* Sag mal, Augusto, wer hat dir denn diesmal das Brot mit der Feile gebracht?

Augusto lacht über den Scherz und antwortet...

>*Augusto:* Der gleiche Bäcker, der auch dich beliefert hat.
>
>*Rinaldo:* (lacht amüsiert)

Die junge Dame auf dem Vordersitz verharrt in ihrer gleichgültigen, unfreundlichen Reserviertheit.

Sie steckt sich eine Zigarette zwischen die Lippen. Rinaldo, der sich ebenfalls anschickt, eine zu rauchen, zündet nur die eigene an, ohne seiner Begleiterin Feuer zu geben.

>*Rinaldo* (zu Augusto): Weißt du, daß wir uns seit zwei Jahren nicht mehr gesehen haben? Was hast du denn die ganze Zeit getrieben?
>
>*Augusto:* Ach, dasselbe wie immer. (dann, mit neidischer Bewunderung) Aber reden wir lieber von dir. Was hast du denn so gemacht? Ich sehe, du fährst wie ein großer Herr durch die Gegend.
>
>*Rinaldo* (voller Genugtuung): Das letzte Mal, als wir uns

gesehen haben, wolltest du mich um fünftausend Lire bescheißen... (lachend) Aber ich habe dich reingelegt. Gib's zu, Augusto!

Augusto: Ach was, du hast mich überhaupt nicht reingelegt.

Rinaldo (lachend): Und ob! Ich hab dich reingelegt, da kannst du sicher sein! (lacht) Jetzt sagt er, er wüßte es nicht mehr, weil es ihm peinlich ist.

Rinaldo wendet sich an Luciana, die junge Dame auf dem Beifahrersitz, deutet auf Augusto und sagt...

Rinaldo: Weißt du, wer das ist? Eine Landplage! Hat halb Italien unglücklich gemacht... Monsignore Biobui ist das! (lacht) Schlimmer als die Sintflut!

Luciana dreht den Kopf halb nach hinten, um sich vorzustellen, und nickt reserviert.

Augusto: Sehr erfreut.

Rinaldo (lacht): Sag mal, gehst du immer noch mit deinen Totenköpfen hausieren?

Augusto lacht ein bißchen schief und macht eine leichte Verbeugung zu der jungen Dame hin, um ihre Vorstellung zu erwidern.

Auf Rinaldo deutend, sagt er in scherzhaftem Ton zu ihr...

Augusto: Und Sie Signora, kennen Sie ihn gut, diesen Herrn?

Luciana geht nicht auf seinen Scherz ein und blickt wieder starr nach vorn.

Rinaldo: Warum kommst du nicht zu mir, heute abend? So gegen zehn. Ich will dich unbedingt sehen, hörst du? Jetzt entkommst du mir nicht mehr.

Augusto, höchst geschmeichelt über die Einladung, aber unschlüssig:

Augusto: Danke, aber... ich bin schon mit meinem Freund hier verabredet...

Rinaldo (herrisch): Macht nichts, dann bringst du ihn eben auch mit.

Augusto: Seine Frau erwartet uns aber bei ihm zu Hause.

Rinaldo (großzügig): Dann bringst du die Frau auch noch mit!

Rinaldo dreht sich kurz um, sieht Picasso an und reicht ihm die Hand.

Rinaldo: Gestatten! Rinaldo Rossi. (zu Augusto) Also, ich erwarte euch, Via Archimede 38. Dritter Stock, ja? Kommt nicht zu spät, sonst versäumt ihr das Beste.

Augusto und Picasso lächeln.

Rinaldo hält an und dreht sich zu Augusto um.

Rinaldo: Also, ich verlasse mich drauf, ja? Wenn du nicht kommst, komm ich dich holen, egal wo du steckst, verstanden? (zu Luciana) He, laß sie raus!

Ohne seine bequeme Haltung aufzugeben, öffnet er die Tür auf der Seite Lucianas und klappt rücksichtslos ihren Sitz vor, um die beiden aussteigen zu lassen.

Picasso (beim Aussteigen): Entschuldigen Sie, Signora, tut mir leid, Sie zu bemühen... so geht's schon, danke...

Augusto hat wegen seiner Körperfülle Schwierigkeiten beim Aussteigen.

Rinaldo (macht sich über ihn lustig): Na, du bleibst wohl stecken mit deinem Wanst! (lacht)

Picasso beugt sich von außen ans Wagenfenster.

Picasso: Danke... Guten Abend, Signora, danke!

Augusto: Auf Wiedersehen. Guten Abend, Signora.

Das Auto fährt weiter. Während sich die beiden ebenfalls in Bewegung setzen, fragt Picasso...

Picasso: Wer ist denn das?

Augusto: Hast du nicht gemerkt, wer das ist?

Via Archimede. Außen. Nacht.

Ein Taxi hält vor einer neuen Villa.

In allen Wohnungen sind die Fenster hell erleuchtet; die Luft ist voller Geräusche und Stimmen. Zwei endlose Reihen glänzender Limousinen, viele davon amerikanische Modelle, parken entlang den Gehsteigen. Aus dem Taxi steigen Augusto, Picasso und Iris. Augusto bezahlt den Fahrer, und das Auto fährt wieder ab. Alle drei gehen auf den Hauseingang zu und treten ein.

Treppe in Rinaldos Haus. Innen. Nacht.

Augusto, Picasso und Iris gehen die Treppen hinauf. Sie tragen ihre besten Kleider.

Picasso hat ein kleines Gemälde unter dem Arm.

Lautes Stimmengewirr, vermischt mit Musik, schallt ihnen aus der oberen Etage entgegen.

Augusto ist offensichtlich sehr aufgeregt und sprüht vor Euphorie. Picasso und Iris dagegen wirken eher befangen.
Je weiter sie – geführt von Augusto – nach oben kommen, desto lauter werden die durcheinander redenden Stimmen und die widerhallende Musik.
Augusto tritt in die Wohnung, wo einige Paare tanzen, und begrüßt irgend jemanden. Iris wird immer aufgeregter, und kurz vor dem Treppenabsatz bleibt sie stehen und sagt nervös...
>   *Iris:* Ich schäme mich so. Ich komme nicht mit!
Picasso bleibt stehen und sagt verdutzt...
>   *Picasso:* Aber wieso denn?
Augusto, der schon vorausgegangen ist und nichts gemerkt hat, bleibt stehen, dreht sich um und winkt sie mit einer Geste heran.
>   *Augusto:* Macht schon, kommt!
>   *Picasso* (zu Iris): Na los, komm doch!
Er hakt Iris unter und tritt in die Wohnung.

Rinaldos Wohnung. Innen. Nacht.

Die Männer sind fast alle im Smoking. Die Damen tragen tief dekolletierte Abendkleider.
Doch der Anstrich von Vornehmheit, den sie sich durch die Abendkleidung geben wollten, ist schon weitgehend verschwunden. Alle Gesichter, ob jung oder alt, haben jedes auf seine Weise einen Ausdruck von raubtierhafter Verschlagenheit, von Härte, Aggressivität und Lasterhaftigkeit: eine Versammlung von Ganoven und Hochstaplern großen Kalibers. Keiner beachtet die Neuankömmlinge. Augusto, Picasso und Iris bleiben stehen und blicken ein wenig verloren um sich. Ein hochnäsiges Hausmädchen, das sich mit einem Tablett halbvoller Gläser mißmutig durch das Gedränge zu schieben sucht, schlüpft zwischen Augusto und Picasso hindurch.
>   *Hausmädchen:* Erlauben Sie... erlauben Sie...
Rinaldo, der dem Mädchen entgegenkommt, erblickt die drei und ruft erfreut...
>   *Rinaldo:* Oh, ihr seid da!... Kommt nur, kommt! Dort ist das Buffet, bedient euch.
Picasso will ihm Iris vorstellen.
>   *Picasso:* Meine Frau...

Aber Rinaldo hört ihn in dem Lärm gar nicht, er hat bereits den Arm um Augustos Schultern gelegt und zieht ihn mit sich fort, wobei er leise und vergnügt zu ihm sagt...

Rinaldo: Komm mit, sieh dir das an!

Und er tritt mit ihm ins Schlafzimmer, das wie die anderen Räume voller Leute ist.

Einige der Gäste stehen um ein blutjunges, üppiges und gutgebautes Mädchen (Marisa) herum.

Das Mädchen sagt abwehrend, mit plumpem und nicht ganz überzeugtem Geziere...

Marisa: Wieso denn? Sieht man's so nicht auch?

Ein ganzer Chor von Stimmen antwortet...

Stimmen: Nein, nein! Was sieht man da schon? Wer kann wissen, was darunter ist? Bei all den Tricks, die ihr habt!

Marisa (reagiert heftig und gekränkt): Ja, ja!... Tricks!

Rinaldo greift höflich, mit gespieltem Ernst ein, indem er Augusto nach vorne schiebt.

Rinaldo: Nicht doch, Signorina. Sehen Sie... ganz zufällig ist gerade dieser Freund von mir gekommen, der Bildhauer ist... Geben wir ihm das Wort.

Marisa blickt nicht ganz überzeugt auf Augusto.

Marisa: Sind Sie wirklich Bildhauer?

Rinaldo: Aber sicher ist er das! Von ihm ist das Ganovendenkmal in Terni...

Augusto: Gewiß doch.

Nun mischt sich in scheinbar tiefernstem Ton einer der Gäste, ein schmächtiger, aufgekratzter Typ ein.

Gast: Entschuldigen Sie mal, Signorina. Sie wollen an einem Schönheitswettbewerb teilnehmen? Sie glauben, Siegeschancen zu haben? Kurzum, Signorina, Sie behaupten, Sie hätten einen perfekten Busen... Sie müssen schon entschuldigen, aber wir... wir glauben ihnen nicht... also beweisen sie es uns:

Marisa: Aber was soll ich denn tun?

Rinaldo: Ausziehen sollst du dich!

Das Mädchen gibt nach und ruft schmollend...

Marisa: Na schön!

Sie beginnt sich zu entkleiden.

Gast: Oh, bravo!

Ringsum herrscht fröhliche Erregung. Ein stattlicher Mann mit Schnurrbart entführt Iris und beginnt närrisch mit ihr zu tanzen. Iris läßt ihn eingeschüchtert und verdutzt gewähren. Picasso erblickt Luciana und erhebt grüßend sein Glas, aber sie schenkt ihm keine Beachtung und geht ins andere Zimmer hinüber.

Dort trifft sie auf Rinaldo und reckt mit instinktivem Mißtrauen den Hals, ohne etwas sehen zu können.

Luciana: Was macht ihr denn da?... Was geht hier vor?

Rinaldo schiebt sie unwirsch zurück und sagt halblaut zu ihr...

Rinaldo: Nichts... Ist doch nur Marisa, das dumme Gör...

Luciana: Und was macht sie da?

Rinaldo (erbost): Los, verschwinde! Fort mit dir, du Aas!

Er schiebt sie zurück. Luciana verzieht sich mit finsterer, argwöhnischer Miene und kehrt zu den Gästen zurück, die sich im Eßzimmer drängen.

Picasso und Iris stehen in einer Ecke und essen mit gutem Appetit. Picasso macht mit vollem Mund eine halbe Verbeugung und will Iris und Luciana einander vorstellen.

Picasso: Komm, Iris! (zu Luciana) Das ist meine Frau. (zu Iris) Die Signora... äh... die Signora ist die Hausherrin.

Iris: Freut mich.

Luciana: Angenehm.

Mit einem nicht gerade schmeichelhaften Blick auf Iris geht Luciana davon, und im selben Augenblick dreht auf dem Sofa, hinter dem Picasso steht, ein blonder junger Mann den Kopf herum: es ist Roberto, der Picassos Stimme gehört hat und ihn spöttisch, mit belustigtem Erstaunen begrüßt.

Roberto: Hallo, Picasso! Wer hat denn dich reingelassen?

Picasso: Guten Abend, Roberto. Bist du auch da?

Roberto: Ist ja ein echtes Volksfest heute!

Er begrüßt Iris ohne Begeisterung oder Herzlichkeit.

Roberto: Guten Abend, Signora.

Picasso ist über diese Begegnung überrascht und erfreut.

Picasso: Wir sind mit Augusto gekommen.

Roberto steht halb vom Sofa auf, wo er neben einer aufgetakelten Frau mit dem verlebten Gesicht einer alten Vettel gesessen hat.

Roberto: Was?... Der Alte ist auch da?

Picasso: Wir sind mit ihm gekommen.

Roberto wendet sich höflich an seine Nachbarin, wobei er spanisch zu sprechen versucht.

Roberto: Excusame un momento...

Dann tritt er zu Picasso und fragt ihn mit plötzlichem Interesse...

Roberto: Kennt Augusto den Hausherrn?

Picasso: Ja... sie sind befreundet, seit langem... Er hat uns im Auto mitgenommen, heute... er hat uns selbst eingeladen.

Roberto (ernst, mit wachsendem Interesse): Aber... dieser Rinaldo, das ist einer von den ganz Großen... Der soll sein Geld mit... gemacht haben.

Dabei faßt er sich schnüffelnd mit einem Finger an die Nase, um auf Rauschgift anzuspielen.

Picasso: Ja, weiß ich.

Roberto: Ah, ich hab's nicht gewußt. Wo ist Augusto?

Im anderen Zimmer drängeln sich die Leute um die mittlerweile halb entblößte Marisa. Lautes, erregtes Gelächter ist zu hören.

Irgend jemand versucht, den Striptease zu vollenden, und das Mädchen wehrt sich dagegen.

Marisa: Geben Sie mein Kleid her!

Rinaldo: Laß ihn, ich hab's erlaubt! Ich hab gesagt, er darf.

Dann reicht er dem Mädchen einen Morgenmantel.

Rinaldo: Jetzt ist's genug... Sie hat recht... Marisa, komm zieh dich an... du erkältest dich noch...

Unter allgemeinem Gelächter wickelt Marisa sich in den Morgenmantel, während sie erneut irgendeinen Gast abwehrt.

Marisa: Pfoten weg!

Rinaldo schiebt das in den Morgenrock gehüllte Mädchen zur Badezimmertür.

Rinaldo: Komm mit, komm!

Augusto hat plötzlich Roberto vor sich und macht keinen Hehl daraus, daß ihm diese Begegnung nicht paßt, auch weil er gerade Rinaldo und Marisa folgen wollte. Roberto begrüßt ihn in der gewohnten spöttischen Weise, jedoch mit neuem Interesse...

Roberto: Augusto! Du bist großartig heute abend!

Augusto (mürrisch): Weiß ich, weiß ich.

Roberto: Ist er wirklich dein Freund, der dort?

Augusto: Was willst du eigentlich?

Roberto: Was brütet ihr gerade aus?... Fällt für mich nichts ab?... Ich bin doch dein Freund... wenigstens das wirst du ja noch wissen...

Luciana, die sich einen Weg durchs Gedränge gebahnt hat, ist wenige Schritte von Roberto und Augusto entfernt vor der Badezimmertür stehengeblieben und ruft in scharfem Ton, während sie heftig die Klinke herunterdrückt...

Luciana: Rinaldo, mach auf!

Ein Gast: Da ist niemand drin, Signora, wirklich!

Luciana schlägt mehrmals zornig gegen die Tür und rüttelt gewaltsam an der Klinke.

>*Luciana:* Mach auf, du Ekel. Na warte, Rinaldo, wenn du nicht gleich aufmachst, dann passiert was!

Einige Gäste drehen sich um und beobachten die Szene; so auch Iris und Picasso.

Aus dem Bad hört man Rinaldos gereizte Stimme.

>*Rinaldo:* Hör endlich auf, wir haben Gäste!

Luciana hämmert weiter gegen die Tür.

>*Luciana:* Ist mir schnurzegal, ob wir Gäste haben! Mach auf!

Plötzlich geht die Tür auf und Rinaldo kommt gereizt und wütend heraus. Hinter ihm sieht man für einen Augenblick das halbbekleidete Mädchen. Rinaldo schlägt die Tür hinter sich zu.

>*Rinaldo* (zu Luciana): Ich schicke dich zu deiner Mutter zurück, daß du's weißt! Wie du dich hier aufführst! Irgend jemand muß der Ärmsten ja helfen, wenn ihr nicht gut ist, oder?

Dann lenkt er ein...

>*Rinaldo:* Na komm. Gib mir ein Küßchen!

>*Luciana* (betont ruhig): Ja, ja, ein Küßchen. Du wirst dein Küßchen schon noch kriegen!

Picasso sagt lächelnd zu Iris, um den Vorfall herunterzuspielen...

>*Picasso:* Die machen nur Spaß.

Rinaldo nimmt Luciana am Arm, um sie von der Tür wegzuführen und sagt hastig und beschwichtigend...

>*Rinaldo:* Komm mit. Ich hol dir was zu trinken.

Zu den Leuten, die besorgt um ihn herumstehen, sagt er...

>*Rinaldo:* Ach, sie hat sich nur erschrocken, es ist nichts.

Er führt sie ans Buffet.

Picasso fängt ihn ab und beginnt das Bild auszupacken, das er mitgebracht hat.

>*Picasso:* Entschuldigen Sie, bitte. Sie sind, glaube ich, einer der wenigen, die ein wirklich gutes Gemälde zu schätzen wissen, und daher habe ich mir erlaubt, Ihnen eine Kleinigkeit mitzubringen.

Iris strahlt, stolz und erwartungsvoll.

Aber Rinaldo hört ihm gar nicht zu, zumal Roberto, der ungeduldig auf einen günstigen Augenblick gewartet hat, dazwischentritt und sich mit der ihm eigenen, forschen Selbstsicherheit vorstellt.

Roberto: Sie gestatten? Ich bin ein Freund von Augusto... Roberto Giorgio... Ich kenne auch den kleinen Blonden. Mein Kompliment, eine wunderschöne Party ist das hier, wirklich!

Rinaldo, der sofort gemerkt hat, was für ein Typ Roberto ist, ißt in aller Ruhe weiter, wobei er ihm ab und zu einen kalten Blick zuwirft.

Roberto: Augusto hat mir viel von Ihnen erzählt...

Rinaldo gibt keine Antwort und wendet sich statt dessen an Picasso.

Rinaldo: Was hast du eben gesagt?

Picasso: Ach, nichts weiter, ich meinte nur, Sie sehen ganz so aus, als verstünden Sie etwas von Malerei, und deshalb würde ich Ihnen gerne...

Rinaldo fällt ihm brüsk ins Wort...

Rinaldo: Hast du etwa mich gemalt?

Roberto mischt sich ein...

Roberto: Sie wissen doch, ein schönes Bild rundet die Wohnungseinrichtung ab. Und ein Mann von Geschmack wie Sie...

Picasso sieht rasch zu Iris und Augusto hinüber; er wagt nicht zu sagen, daß es ein echter De Pisis ist; aber Rinaldo hat schon begriffen.

Rinaldo (zu Picasso): Zeig mal her!

Picasso (während er das Bild auspackt): Ja, gerne. Es ist ein De Pisis.

Rinaldo: Hast du das gemalt? Sehr schön.

Picasso lacht, halb unsicher, halb schelmisch.

Picasso: Ach, das spielt doch keine Rolle, ich male zwar auch seit vielen Jahren, aber...

Rinaldo hört schon nicht mehr hin. Er sieht auf die Uhr und ruft...

Rinaldo: He, nur noch zehn Minuten! Macht den Fernseher an!

Picasso ist gekränkt, aber er faßt sich sofort wieder und sagt lächelnd zu Iris...

Picasso: Ich glaube, es hat ihm gefallen.

Roberto nähert sich Augusto, der sich gerade am Buffet bedient.

Roberto: Stell mich doch diesem Rinaldo vor. Sag ihm, ich mache alles.

Augusto: Glaubst du, der braucht Typen wie dich? Geh, da kann ich nur lachen!

Damit geht er davon, die Flasche in der Hand. Roberto ist beleidigt.

Roberto: Ein feiner Freund bist du ... Ich will doch nur ... Ah, das wirst du mir büßen, daß du's weißt! (dann zum Kellner) Gib mir einen Whisky!

Einer der Typen, die in einer Ecke auf dem Boden sitzen, ruft Rinaldo zu

Erster Ganove: He, Rinaldo, wieviel hast du eingesteckt, damals bei dem Brand?

Rinaldo grinst und antwortet ausweichend

Rinaldo: Ach ... weiß nicht mehr ... fünfzehn Millionen, sechzehn, ich erinnere mich nicht.

Aus dem Fernseher tönt rührselige Musik und eine Frauenstimme singt »Ti voglio bene«. Augusto lächelt und wendet sich übertrieben unbefangen an Rinaldo:

Augusto: Was ... du erinnerst dich nicht? Na sowas! ... Du könntest einen Sekretär gebrauchen ... Wie wär's mit mir? Für dich würde ich es tun.

Rinaldo lacht und ruft Luciana, um sie auf die Musik im Fernsehen hinzuweisen.

Rinaldo: Luciana!

Er faßt Luciana, die herbeigekommen ist, um die Taille, und während die beiden ein paar Tanzschritte machen, insistiert Augusto in eindringlichem Ton ...

Augusto: Ich meine es im Ernst, wirklich!

Rinaldo: Mit deiner Visage? ... Mein Sekretär? Man würde mich auf der Stelle verhaften!

Und tanzend und trällernd entfernt er sich.

Augusto bleibt mit einem halb gefrorenen Lächeln auf den Lippen stehen; dann geht er langsam, mit weitem Abstand, hinter Rinaldo her.

Stimme aus dem Radio: Noch fünf Minuten ...

Rinaldo ruft in die Küche hinaus ...

Rinaldo: Wo bleibt der Champagner? Lina! Die Flaschen!

Er schiebt Luciana grob in Richtung der Küche.

Rinaldo: Die rührt keinen Finger. Geh du mal. Die Gläser, Lina! Den Champagner! Lina! Schläfst du?

Luciana gehorcht, während Lina mit einem großen Tablett in der Tür erscheint und laut protestiert ...

Lina: Ich mußte die Gläser spülen!

Rinaldo geht schwankend auf einen Sessel zu, neben dem Augusto steht, und setzt sich. Augusto beugt sich zu ihm hinab.

Augusto: Ich muß mit dir reden. Gehen wir zusammen essen, morgen...

Rinaldo hat eine Zigarette in der Hand.

Augusto: Warte, ich geb dir Feuer. (zündet ihm die Zigarette an) Es ist sehr wichtig, weißt du. Hör zu.

Rinaldo: (ungeduldig): Was denn? Sag's schon!

Augusto (in überzeugtem, hoffnungsvollem Ton): Erinnerst du dich noch an den Texas Club? Den könnte ich für drei Jahre haben, in Pacht. Auf meinen Namen, versteht sich. Dreißigtausend Lire pro Tag wären dir sicher.

Augustos Worte gehen im wachsenden Lärm unter. Rinaldo achtet nicht mehr auf ihn. Ein schmächtiges, schwarzhaariges Bürschlein tanzt mit einer hübschen Brünetten mit üppigen Formen. Sie sind die einzigen, die tanzen, und sie tun es wild und ausgelassen.

Augusto redet weiter auf Rinaldo ein, der jetzt amüsiert das tanzende Paar beobachtet.

Rinaldo (lachend, in Richtung des tanzenden Paares): Nimm ihn auf den Arm!

Immer noch lachend steht Rinaldo auf und geht auf den kleinen Schmächtigen zu. Augusto versucht ihn ärgerlich zurückzuhalten.

Augusto: Dreißigtausend pro Abend, interessiert dich das nicht?

Rinaldo (zu der Brünetten): Nimm ihn auf den Arm, los! Mitternacht! Jetzt wird aller überflüssige Ramsch über Bord geworfen!

Zusammen mit anderen hebt er das schmächtige Bürschlein hoch und schleppt es zum Fenster. Der Schmächtige wehrt sich mit Fußtritten und Schimpfworten, bis sie ihn schließlich loslassen.

Der Schmächtige: Genug mit diesen Scherzen! Ihr verderbt mir meinen neuen Anzug!

Aber drei, vier andere Gäste packen ihn erneut und zerren ihn wieder ans Fenster, während irgend jemand eine Siphonflasche nimmt und ihm damit ins Gesicht spritzt. Unter dem Krachen von Knallfröschen und Silvesterraketen schleppen sie den Mann, der keine Hosen mehr anhat, auf den Balkon hinaus und hängen ihn mit dem Kopf nach unten über die Brüstung.

Drunten auf der Straße wird das Geschrei und Gelächter, das Knallen der Silvesterkracher und Sektkorken immer lauter. Picasso und Iris stoßen miteinander an und umarmen sich zärtlich.

Iris: Dieses Jahr machst du die Ausstellung, ja?

Picasso: Ja, ja.

Augusto sitzt einsam und trübsinnig inmitten der lärmenden Menge und trinkt.

Roberto, der Augusto von weitem im Auge behalten hat, wird für einen Augenblick in ein laut schwatzendes und kreischendes Rudel von Gästen eingekeilt.

Sein Blick fällt auf ein goldenes Zigarettenetui, das ein junges Mädchen auf einem Sessel liegengelassen hat; er läßt sich in den freien Sessel fallen und schiebt sich das Zigarettenetui in die Tasche. Jetzt sind alle Gläser mit Champagner gefüllt. Alle stoßen laut und ausgelassen auf das neue Jahr an.

(Abblende)

Eine Stunde später.

Im Zimmer mit dem Buffet wird nun zur Radiomusik getanzt. Im allgemeinen Gedränge tanzen Iris und Picasso engumschlungen und fast ohne sich von der Stelle zu bewegen. Picasso flüstert Iris ernst und überzeugt ins Ohr...

Picasso: Weißt du, was wir an einem der nächsten Tage machen? Wir fahren nach Venedig... Venedig mußt du unbedingt sehen... Du machst dir keine Vorstellung... und denk doch, welchen Spaß Silvana in der Gondel haben wird! (dann unvermittelt) Oder sollen wir nach Taormina fahren? Was glaubst du, wie schön es da ist, jetzt im Winter!

Iris: Nein, lieber nach Venedig. Das ist romantischer. (Pause) Aber da braucht man ein Abendkleid!

Picasso: Na klar braucht man das! Dafür reicht es auch noch.

Iris: Carlo... ich sehe häßlich aus, so, nicht wahr?

Picasso: Aber nein, wieso denn?

Iris: Alle haben so schöne Abendkleider an, und ich... wenn ich das gewußt hätte, wäre ich nicht mitgekommen.

Picasso: Ach was, du bist immer die Hübscheste! Weißt du, wenn du nicht schon meine Frau wärst, würde ich mich heute mächtig um dich bemühen, glaube mir.

Die beiden umarmen sich lachend.

Iris: Uff... mir dreht sich der Kopf. Vielleicht hab ich zuviel getrunken. Aber gut ist er, der Champagner, nicht wahr?

Picasso: Und ob er gut ist!

Ein junges Mädchen auf dem Sofa blickt suchend um sich und fragt dann jemanden (im Off)...

Junges Mädchen: Entschuldigen Sie, Signora, Sie haben nicht zufällig ein goldenes Zigarettenetui gesehen?

Stimme einer Frau (off): Nein, tut mir leid.

Roberto schlendert mit einem Glas in der Hand zwischen den Leuten umher und setzt sich dann aufs Sofa.

Nahe der Tür steht Luciana und fixiert ihn mit gespannter Aufmerksamkeit. Roberto begegnet ihrem Blick und prostet ihr, seine Verlegenheit mit einem Lächeln überspielend, mit seinem Sektglas zu. Luciana fixiert ihn regungslos.

Die alte Spanierin nähert sich Roberto und sagt in ihrer Sprache zärtliche Worte zu ihm.

Roberto, der nicht versteht, erwidert...

Roberto: Was schwätzt du daher?

Spanierin: Jetzt ist Mitternacht. Du mir noch nicht mal Küßchen gegeben.

Roberto zieht ein mürrisches Gesicht.

Spanierin: Komm, küß mich!

Roberto küßt sie gleichgültig, aber sie preßt ihn an sich und beißt ihn ins Ohr.

Roberto reagiert boshaft und vulgär.

Roberto: He, du Schlampe, du machst mich ja ganz schmutzig. Dumme Gans!

Dann fragt er Iris und Picasso, die gerade vorbeigekommen und stehengeblieben sind, um zuzusehen...

Roberto: Bleibt ihr noch lange?

Picasso: Och... ja.

Roberto (auf die alte Spanierin deutend): Hast du die gesehen, die hat allein am Kopf fünf Millionen.

Picasso: Wer ist denn das?

Roberto: Ach, irgendeine alte Schrulle...

Er wendet sich zu der Alten, kneift sie in die Wange und sagt zärtlich...

Roberto: Alte Vogelscheuche!

Die Alte lächelt.

Picasso und Iris fangen fröhlich wieder an zu tanzen.

Im Schlafzimmer hat sich Augusto erneut an Rinaldo herangemacht, der mit Marisa auf dem Bett liegt und sichtlich beschwipst ist.

Er hockt neben dem Bett am Boden und redet auf Rinaldo ein, der ihm zerstreut zuhört, während er mit Marisa schmust.

Augusto: Wir machen ein Finanzbüro auf, in irgendeiner

Kleinstadt. Und wenn etwas schiefgehen sollte, muß allein ich dafür herhalten, weil es ja unter meinem Namen läuft, nicht wahr?

Rinaldo streichelt Marisas Kopf. Augusto legt ihm die Hand auf den Arm.

Augusto: He, Rinaldo, machst du mit, unter meinem Namen, ja?

Rinaldo dreht sich mit einem kalten, zerstreuten Blick zu ihm um.

Rinaldo: Was denn?

Augusto: Das Finanzbüro, was sonst?

Rinaldo (lacht): Hast du immer noch nicht begriffen, daß ich mit solchen Dingen nichts mehr am Hut habe? (fixiert ihn) Du, sag mal, wie alt bist du eigentlich?

Augusto sagt verdutzt, mit einem schiefen Lächeln...

Augusto: Wieso?

Rinaldo: Na sag schon wie alt du bist! Ich will es wissen.

Augusto: Achtundvierzig.

Rinaldo lacht roh und brutal.

Rinaldo: Und in dem Alter gibst du dich noch mit solchen Spielereien ab? Ich muß mich schon sehr wundern. Schäm dich!

Augusto bleibt mit einem gefrorenen Lächeln auf den Lippen sitzen, niedergeschmettert von Rinaldos Hohn und Gleichgültigkeit.

An der Tür erscheint Luciana.

Luciana: Rinaldo!

Leicht verdrossen dreht Rinaldo sich halb zu ihr.

Rinaldo: Was ist?

Luciana sagt in drängendem Ton...

Luciana: Komm mal einen Augenblick her!

Rinaldo: Was willst du denn?

Luciana: Komm schon, nur für einen Moment.

Rinaldo rappelt sich mühsam auf und sagt ärgerlich...

Rinaldo: Welche Plage...

Luciana sagt ernst ein paar halblaute Sätze zu Rinaldo. Er lächelt flüchtig und geht langsam, leicht schwankend auf den Flur hinaus...

...wo sich Picasso, Roberto und Iris zum Gehen fertigmachen. Roberto bindet sich gerade einen Seidenschal um den Hals. Als er Rinaldo erblickt, sagt er mit seiner Sängerstimme und der gewohnten, selbstbewußten Forschheit...

Roberto: Oh, da ist ja unser generöser Gastgeber! Ich wollte mich gerade auf die Suche nach Ihnen machen, um Ihnen für den wundervollen Abend zu danken und Ihnen das Beste fürs Neue Jahr zu wünschen.

Auch Iris und Picasso bedanken sich beim Hausherrn.

Iris: Danke.

Picasso: Wirklich vielen Dank!

Rinaldo blickt Roberto fest in die Augen und sagt ruhig...

Rinaldo: Hören Sie... Da ist eine junge Dame, die ihr Zigarettenetui verloren hat.

Roberto heuchelt tiefes Bedauern.

Roberto: Ach, wirklich? Oh, die Ärmste, das tut mir leid. Aber das mußte ja so kommen, bei diesem Durcheinander.

Rinaldo: Wissen Sie, das Etui ist aus Gold.

Roberto: Entschuldigen Sie, ich verstehe nicht...

Picasso und Iris horchen auf. Iris begreift noch nicht ganz. Picasso fixiert alarmiert Roberto. Hinter Rinaldo taucht Augusto auf; nach und nach versammeln sich weitere Gäste um Rinaldo und Roberto, der seinen selbstsicheren Ton beibehält.

Rinaldo: Sie verstehen mich nicht! Haben Sie es nicht zufällig gefunden? Wissen Sie, so etwas kann ja vorkommen, man ist zerstreut und vergißt, etwas zu sagen. Und zu Hause angekommen, findet man das Ding plötzlich in der Hosentasche.

Er lacht, während er Roberto unverwandt ansieht.

Roberto: Stellen Sie sich vor, ich habe immer noch nicht verstanden!

Rinaldo lacht immer noch. Ein Herr hinter ihm flüstert...

Ein Herr: Der macht sich ja lächerlich, was?

Rinaldo (zu Roberto): Wissen Sie, was ich an Ihrer Stelle tun würde?

Roberto: Verraten Sie es mir!

Rinaldo: Ich würde danach suchen und würde es auch finden.

Eine Frau fragt den kleinen Schmächtigen...

Frau: Was ist denn los?

Schmächtiger: Ich habe den Eindruck, liebe Contessa, daß hier geklaut worden ist.

Roberto: Hören Sie, die Frage ist nur... Natürlich bin ich sehr gern dazu bereit, aber, wissen Sie, ich...

Unter den Gästen ist Augusto erschienen, der Roberto einen strengen Blick zuwirft. Ärger und Verwunderung heuchelnd sagt Roberto...

Roberto: Also bitte ... was wollen Sie von mir? Entschuldigen Sie, worauf wollen Sie hinaus?

Rinaldo erwidert ruhig und sicher ...

Rinaldo: Freundchen, Freundchen, du mußt noch viel dazulernen, bevor du hier deine Scherze treiben kannst ... Die Signorina möchte rauchen ... und du bietest ihr eine Zigarette an, verstanden?

Roberto macht einen letzten Verteidigungsversuch.

Roberto: Darf man wissen, was Sie von mir wollen?

Rinaldo (mit eisiger Ruhe): Na wird's bald, tu so, als hättest du nur einen Scherz gemacht, ja? Du sagst, es war nur Spaß und alle sind zufrieden. (schreit ihn wütend an) He, willst du wohl sagen, daß es ein Scherz war? Ja oder nein?

Roberto blickt in die Runde. Es tritt eine eisige Pause ein, dann geht Roberto mit einem halben Lächeln auf die Dame zu, die Rinaldo ihm gezeigt hat, zieht das goldene Zigarettenetui aus der Tasche, öffnet es und hält es ihr hin.

Roberto: Na schön, ich habe nur Spaß gemacht. (zu der jungen Dame) Sagen Sie die Wahrheit, Sie haben sich erschrocken, stimmt's? War nur ein Scherz!

Die Dame greift nach dem Zigarettenetui.

Signorina: Danke.

Roberto: Bitte. (zu Rinaldo) Zufrieden?

Rinaldo wirft Roberto höhnisch ein Küßchen zu und öffnet die Wohnungstür.

Rinaldo: Verschwinde!

Leicht verlegen verabschiedet Roberto sich mit einer ausladenden Grußgeste.

Roberto: Gutes Neues Jahr allerseits, ja?

Damit geht er zur Tür.

Rinaldo wendet sich an Augusto.

Rinaldo: Augusto, Donnerwetter, was du für Freunde hast! Und die schleppst du auch noch mit dir herum?

Augusto zeigt keine Regung.

Iris ist totenbleich. Picasso ist betroffen und beschämt. Eilends gehen sie hinaus.

Rinaldo beginnt wieder mit Luciana zu tanzen.

Rinaldo: Lucy, mach deine Taschen dicht!

(Abblende)

Via Archimede. Außen. Nacht.

Roberto, Picasso, Iris und Augusto treten aus der Tür von Rinaldos Haus auf die menschenleere Straße.
Iris steckt immer noch der Schreck in den Gliedern. Picasso, der tief besorgt hinter ihr hergeht, ruft...
    Picasso: Iris!
Iris gibt keine Antwort. Sie ist den Tränen nahe. Roberto, der sich übertrieben unbekümmert gibt, sagt laut...
    Roberto: In welche Richtung geht ihr?
Picasso antwortet ihm nicht.
    Augusto (kalt) Du kommst dir wohl sehr schlau vor, was?
Iris rennt quer über die Straße davon. Picasso ruft ihr nach...
    Picasso: Iris!
Roberto tut gelangweilt und überlegen. Er blickt um sich und sagt...
    Roberto: Leicht gesagt, jetzt ein Taxi zu finden!
Augusto tritt dicht vor Roberto und zischt ihn an...
    Augusto: Wenn deine Mutter nicht noch schlimmer wäre als du,
    hätte sie dich gleich bei der Geburt erdrosselt!
...wobei er sich nur mühsam zurückhalten kann, nicht auf ihn loszugehen.
Roberto, gleichgültig und ungerührt...
    Roberto: Schon gut... Du hast ja recht, aber spuck mir nicht
    ins Gesicht!
Augusto packt ihn in einem plötzlichen Wutausbruch am Kragen.
Picasso ist unweit von den beiden stehengeblieben, unschlüssig, ob er Iris, die sich immer weiter entfernt, folgen oder zwischen die beiden treten soll.
    Picasso: Was tut ihr da? Augusto!
Roberto schiebt mit hämischer, provozierender Gelassenheit Augustos Hand weg.
    Roberto: Augusto, in deinem Alter solltest du das lieber lassen!
Dann ruft er ein vorbeifahrendes Taxi...
    Roberto: Taxi!
Das Taxi hält.
    Roberto (zu Augusto): Ciao, geh schlafen, geh schon!
Und er steigt in das Taxi, das wieder anfährt.
    Roberto: Gutes Neues Jahr noch!
Augusto bleibt stehen, aufs äußerste angespannt. Picasso, der Iris

immer weiter weglaufen sieht und unbewußt den Augenblick hinauszögern möchte, da er mit ihr allein sein wird, fragt Augusto...

Picasso: Augusto, willst du mit uns kommen? Komm doch mit uns!

Augusto: Nein. Gute Nacht.

Er setzt sich in Bewegung und geht in die andere Richtung die verlassene Straße entlang.

Picasso zögert noch kurz und läuft dann laut rufend hinter Iris her.

Picasso: Iris! Iris!

Das Gesicht von Iris ist verzerrt. Picasso zwingt sich, einen unbefangenen Ton anzuschlagen.

Picasso: Was der für Scherze macht! Ein goldenes Zigarettenetui. Er muß betrunken gewesen sein. Bestimmt war er betrunken.

Iris gibt keine Antwort; Picasso zieht die Zigaretten aus der Tasche und fragt fürsorglich...

Picasso: Willst du rauchen?

Iris fährt ihn mit gereizter Stimme an...

Iris: Was hast du mit diesen Leuten zu tun? Warum bist du mit ihnen zusammen? Was macht ihr?

Picasso antwortet unsicher und verwirrt...

Picasso: Nichts. Wir arbeiten.

Iris: Was tust du mit Roberto und diesem anderen? Was ist das für eine Arbeit?

Picasso: Aber das weißt du doch. Was denkst du nur auf einmal? Ich habe dir immer alles gesagt.

Iris antwortet nicht und kann nur mit Mühe die Tränen zurückhalten; Angst und Verwirrung liegen in ihren Augen.

Iris: Ich weiß nie Bescheid! Nie sagst du mir die Wahrheit!

Ein kurzes Schweigen tritt ein. Picasso ist betroffen und beunruhigt und scheint im Begriff, ein Geständnis abzulegen. Dann aber fängt er sich wieder und sagt...

Picasso: Ich bin doch nicht so wie die... Glaubst du, ich will mich ruinieren?... Ich.. ich arbeite... Ich tue nichts Böses.

Er macht eine Pause, dann, in bitterem Ton...

Picasso: Irgend etwas muß ich ja tun, um euch zu ernähren.

Endlich bricht die Verzweiflung aus Iris hervor, und beinahe hysterisch schreit sie...

Iris: Was mußt du? Stehlen? Im Zuchthaus landen?

Picasso ist zutiefst erschrocken.

Picasso: Iris, ich bitte dich... Mein Liebstes, heute ist doch Silvester.

Iris weint.

Picasso: Laß uns das Neue Jahr nicht so beginnen. Sei lieb!

Iris (schluchzend): Ich habe gleich gemerkt, was das für Leute sind. Und wie oft habe ich dir gesagt... aber du... hast nie auf mich gehört... Alles Lügen... Geh fort, geh doch zurück... Nie weiß ich, wo das Geld herkommt, nichts als Schwierigkeiten, und jedes Mal, wenn jemand an der Tür klingelt, gibt es mir einen Stich ins Herz. Ich kann nicht mehr!

Iris ist stehengeblieben. Picasso tritt zu ihr.

Stumm gehen sie ein Stück weiter, dann sagt er mit leiser Stimme, beschämt und sorgenvoll...

Picasso: Iris! Sei doch nicht so. Ich flehe dich an, beruhige dich! Ich... ich hab dich lieb, Iris. Ich tue alles, was du willst. Ich schwör's dir. Hör zu, ich gehe nicht mehr mit denen. Die kriegen mich nicht mehr zu Gesicht, nie wieder! Ich werde schon einen Weg finden, um etwas zu verdienen. Ich werde meine Bilder verkaufen.

Iris (sich die Tränen trocknend): Oh, ich glaube dir nicht mehr.

Picasso: Du hast recht, ich weiß. Aber ich... ich schwöre dir, ich fange ein neues Leben an. Ich schwör's dir, Iris. Glaub mir, mein Liebes.

Iris: Das sagst du immer.

Picasso: Ja, stimmt. Aber du weißt doch, daß ich nur dich und die Kleine habe. Ich denke nur an euch beide. (weint)

Iris: Du weißt, daß es mir nichts ausmacht, wenn ich kein Geld habe. Ich habe keine Angst. Mir genügt es, wenn du so bleibst, wie du am Anfang warst, damals, als wir geheiratet haben.

Picasso nimmt ihre Hand und küßt sie zärtlich.

Iris: Oh ja, jetzt darfst du mich küssen!

Erleichtert und verlegen dreht sie sich um.

Picasso: Möchtest du jetzt eine Zigarette?

Iris: Ja.

Picasso lacht glücklich und gerührt.

Iris: Du wirst schon noch sehen, was ich mit dir mache. Ja, lach du nur!

Sie zünden sich erleichtert und beruhigt die Zigaretten an.

Picasso: Also, dann ein gutes Neues Jahr!

Vom Ende der Straße her ist fröhliches Lärmen zu hören.

> *Picasso:* Na, mein Liebes, wollen wir mal gucken, was da drunten los ist? Komm mit!

Er hakt sich bei ihr unter und sie gehen mit schnellen Schritten davon.

(Abblende)

Eine Piazza. Außen. Tag.

Einige Stunden später.
Der trübe Morgen des Neujahrstags, auf einer menschenleeren, wie ausgestorbenen Piazza.
Auf dem Pflaster verstreut liegen Scherben von zerbrochenem Geschirr, Luftschlangen und Fetzen von Zeitungspapier, die der Wind umherwirbelt.
Augusto trottet, eine Blechbüchse vor sich herkickend, allein über den Platz. Er fühlt sich todmüde und vor allem hat er Angst, nach Hause zu gehen, wo er allein mit sich und seiner Niederlage ist.
Zwei Prostituierte sprechen ihn an...

> *Erste Prostituierte:* Hallo! Gutes Neues Jahr! Wo gehst du hin? Bleib doch mal stehen! Komm mit uns! Besser kannst du das Jahr gar nicht beginnen!
> *Zweite Prostituierte:* Wir bringen dir Glück! Komm her!

Augusto geht weiter, ohne ihnen zu antworten.

> *Zweite Prostituierte:* Adieu!

Eine Straße im Zentrum. Außen. Tag.

Augusto biegt in eine Seitenstraße der Via Veneto ein. Auch hier ist das Pflaster mit Scherben übersät.
Augusto bleibt stehen und blickt zu den Fenstern eines alten Wohnhauses hinauf.
Dann geht er auf ein offenes Haustor zu. Die Pförtnerin ist dabei, den Flur zu kehren. Sie erkennt Augusto.

> *Pförtnerin:* Guten Morgen!
> *Augusto:* Guten Morgen.

Augusto geht die Stiegen hinauf.

Treppenhaus in einer Pension. Innen. Tag.

Augusto steigt die Stufen hinauf und bleibt auf einem Treppenabsatz vor einer Tür stehen.
Er klingelt. Nach einer Weile klingelt er ein zweites Mal. Gleich darauf wird geöffnet, und im Türspalt erscheint das verschlafene Gesicht von Maggie, der englischen Tänzerin.
    Maggie: Du?
Trotz ihrer Schlaftrunkenheit freut sich Maggie. Sie macht schnell die Tür auf und tritt zur Seite, um Augusto einzulassen.

Maggies Wohnung. Innen. Tag.

Maggie wohnt in einer der schäbigen möblierten Wohnungen, wie sie in den Seitenstraßen der Via Veneto zu finden sind. Die Wohnung wirkt muffig und heruntergekommen.
Maggie hat zerzaustes Haar und trägt einen Morgenmantel.
    Maggie: Wie geht's dir?
Augusto umarmt Maggie und küßt sie auf die Wange.
    Maggie (erfreut): Gutes Neues Jahr... Weißt du, daß ich gestern abend auf dich gewartet habe?
    Augusto: Ich konnte nicht... Störe ich dich?
    Maggie: Nein, komm mit in mein Zimmer. Raquel schläft, wir müssen leise sein. Die beiden treten in eins der Zimmer.

Maggies Schlafzimmer. Innen. Tag.

Das Zimmer liegt fast im Dunkeln. Die Tischlampe ist angeschaltet, das Bett zerwühlt.
Augusto zieht sich todmüde den Mantel aus und setzt sich aufs Bett.
    Maggie: Wo bist du gewesen? Ich bin dir nicht böse, du kannst tun und lassen, was du willst, aber ich dachte, wir könnten die letzte Nacht des Jahres zusammen verbringen.
Augusto gibt keine Antwort.
    Maggie: Du hast wohl überhaupt nicht geschlafen?
Augusto macht eine vage Geste, die »nein« bedeuten soll.
    Maggie: Jetzt ist es acht! Mein armer Schatz. Ich hätte dich im Hotel angerufen, wenn du nicht gekommen wärst...

Maggie ist leicht beunruhigt über Augustos düsteres Schweigen. Sie fürchtet, ihm könnte irgend etwas passiert sein.

Maggie: Was hast du? Sorgen?

Augusto verneint mit einer müden Geste. Dann fährt er sich mit der Hand übers Gesicht und sagt...

Augusto: Ich bleibe hier, wenn es dir nichts ausmacht. Ich muß hierbleiben.

Maggie (verwundert): Aber natürlich!

Maggie ist weniger über die Bitte selbst erstaunt, als vielmehr über den Ton, in dem Augusto sie vorgebracht hat.

Augusto läßt sich schwer aufs Bett fallen und streckt sich aus.

Maggie: Willst du schlafen? Nicht? Möchtest du irgend etwas? Soll ich dir einen Tee machen?

Augusto nickt.

Maggie: Ich gehe Wasser aufsetzen. Du entschuldigst mich...

Maggie geht aus dem Zimmer. Augusto starrt mit weit offenen Augen auf die Kommode und die Gegenstände darauf: ein kleines Radio, ein Aschenbecher, Zigaretten, eine Cognacflasche, ein englischer Kriminalroman. Er schließt die Augen; er ist furchtbar müde. Maggie kommt zurück.

Maggie: Zieh dich ruhig aus, dann hast du's bequemer. Ah, was ich dir sagen wollte, es ist alles gutgegangen. Ich habe einen neuen Vertrag für zwei Monate und bleibe in Rom.

Augusto sagt nichts.

Maggie: Freut dich das nicht? Ich sagte, ich bleibe in Rom. Mein Vertrag ist um zwei Monate verlängert worden. Gestern abend habe ich unterschrieben.

Augusto (müde): Schön.

Maggie setzt sich auf den Fußboden und legt ihren Kopf neben den von Augusto.

Maggie: Du hörst mir gar nicht zu! Woran denkst du?

Augusto: An nichts... nichts Besonderes.

Maggie (spielt das Kätzchen): Mich hätte es aber gefreut, wenn du an mich denken würdest. Findest du mich sentimental? (schmeichelnd) Ich mag dich. Ich bin gern mit dir zusammen, (lacht) auch wenn du mich zu solch unmöglicher Zeit aufweckst! Ich möchte immer bei dir bleiben! Meinst du nicht, wir könnten eines Tages zusammen ein kleines Häuschen mit einem kleinen Garten haben? Du würdest arbeiten gehen, und ich würde auf dich warten. Ohne dich je irgendwas zu fragen.

Augusto: Ein Haus mit Garten? (ernst, eindringlich) Weißt du, was in Rom ein Haus mit Garten kostet? Hast du eine Vorstellung davon?
Maggie: Ich will es gar nicht wissen. Dann kann ich weiter daran glauben.
Maggie streichelt Augustos Schläfen. Plötzlich springt sie auf.
Maggie: Das Wasser! Es kocht bestimmt! Entschuldige mich!
Maggie eilt aus dem Zimmer.
Augusto blickt ihr erschöpft nach.

Küche in Maggies Wohnung. Tag.

Maggie hat das Wasser in die Teekanne gegossen und richtet das Tablett.
An der Küchentür erscheint verschlafen gähnend ein recht hübsches, blondes junges Mädchen im Pyjama.
Es ist Raquel, Maggies Mitbewohnerin.
Raquel (auf englisch): Wer ist bei dir?
Maggie: Augusto.
Maggie nimmt das Tablett. Sie geht an Raquel vorbei, die sich gähnend streckt und sich wieder auf den Weg in ihr Schlafzimmer macht.

Maggies Schlafzimmer. Tag.

Maggie kommt mit dem Teetablett ins Zimmer zurück. Sie geht auf das Bett zu, macht auf der Kommode Platz und stellt das Tablett darauf.
Maggie: Da ist der Tee. Bitteschön, mein Herr!
Augusto gibt keine Antwort. Er schläft.
Maggie macht Anstalten, ihn zu wecken, dann überlegt sie es sich anders und zieht ihm behutsam die Schuhe aus.

Piazza di Spagna. Außen. Tag.

Ein Monat ist vergangen.
Die ersten Morgenstunden eines strahlenden Frühlingstags. Am Fuß
der großen Treppe der Piazza di Spagna sind die Blumenverkäufer
dabei, ihre Blumenkörbe zu öffnen.
Augusto steht wartend auf den Stufen. Er wirkt heiter und gelöst,
beinahe jugendlich.
Ein sehr auffälliges 1400er Sportcoupé der Sonderklasse, das aus der
Via Due Macelli kommt, hält mit einem kurzen Hupen in seiner
Nähe. Am Steuer sitzt Roberto.
     Roberto (ruft): He, du Niete! Augusto! Hier bin ich. Na komm
     schon!
Augusto mustert das Auto mit einer gewissen Verwunderung,
während er darauf zugeht.
     Roberto: Was sagst du zu dem Schmuckstück?
     Augusto: Wem gehört der Wagen?
     Roberto: Los, steig ein, steig ein!
Augusto öffnet die Wagentür und steigt ein. Das Auto fährt sofort
weiter.
     Roberto: Das wüßtest du gern, was? (summt vor sich hin) Doch
     mein Geheimnis ist in mir verschlossen.

Im 1400er Coupé der Sonderklasse. Tag.

Augusto hat neben Roberto Platz genommen, der den Wagen
steuert. Das Auto fährt in Richtung Via del Babuino.
Augusto wirft einen Blick auf den Rücksitz, wo sorgfältig gefaltet
und gestapelt etwa zwanzig Mäntel liegen.
     Augusto: Fahren wir mit diesem Auto? Wem gehört es?
     Roberto (singend): Das ist mein Geheimnis, das gebe ich nicht
     preis.
Augusto kann sich ein Lächeln nicht verkneifen. Er kurbelt das
Fenster herunter und atmet tief durch.
     Augusto: Wir haben schon Frühling... (deutet auf einen Knopf
     am Armaturenbrett) Was ist denn das?
     Roberto: Der Zigarettenanzünder. (auf weitere Knöpfe und
     Schalter deutend) Radio, Warmluft, Coca-Cola... (lacht) Und
     du behauptest, ich sei ein Hurensohn! Das Geschäftchen mit

73

den Mänteln hier hätte ich ebenso gut allein machen können. Statt dessen lasse ich euch mitmachen.
Augusto deutet auf die Mäntel.
Augusto: Und das Geld, um die Mäntel zu kaufen, von wem hast du das?
Roberto überhört die Frage.
Roberto: Was machen wir, Via Flaminia oder Via Cassia?
Augusto: Die Flaminia... Hinter dem Vicolo del Borghetto ist diese Osteria, erinnerst du dich? Nicht weit vom Fluß...
Das Auto ist vor dem Café Canova an der Piazza del Popolo angelangt.

Piazza del Popolo. Außen. Tag.

Am Eingang zum Café wartet Picasso mit einer Tasche unter dem Arm. Er sieht das Auto.
Picasso. Hallo!
Roberto (auf ihn deutend): Da ist er!
Roberto beugt sich aus dem Wagen und ruft...
Roberto: Picasso!
Picasso geht auf das Auto zu, das gebremst hat. Plötzlich aber beschleunigt der Wagen wieder und fährt davon.
Roberto und Augusto lachen über den Scherz. Das Auto bleibt ein paar Meter weiter stehen.
Picasso kommt angerannt, lachend und außer Atem von dem kleinen Sprint.
Picasso (erfreut): Oh, was für ein schönes Auto! Fahren wir mit dem? Und wo sind die Mäntel? Laß mich mal einen anprobieren.
Augusto nimmt einen Mantel und reicht ihn hinaus.
Roberto: Aber sei vorsichtig, wenn du ihn anziehst, die sind nämlich ein bißchen anämisch. Kosten Tausendsechshundert Lire das Stück.
Picasso schlüpft in den Mantel.
Roberto: Aussehen tun sie aber gar nicht schlecht!
Picasso: Na hör mal, tausendsechshundert Lire sind tausendsechshundert Lire. Du hast dich übers Ohr hauen lassen, weißt du das?
Roberto reagiert ein wenig verärgert.

Roberto: Das nächste Mal machst du den Handel, du bist Künstler und kriegst sie billiger... Aber was willst du, allein die neuen Knöpfe, die Mama drangenäht hat, kosten ihr Geld.

Auf den Mantel deutend, den Picasso übergezogen hat, fängt er an, dem Kumpel spaßhafte Ermahnungen zu erteilen.

Roberto: Vorsicht! Paß auf, bieg bloß den Arm nicht ab, sonst springt der Ärmel raus... Steck die Hände nicht in die Taschen! Weck die Motten nicht!

Picasso hält ihm irgend etwas, das er aus der Tasche gezogen hat, an die Nase.

Picasso: Riech mal!

Roberto: Na und, stinkt nach Mäusedreck. Los, mach schon, setz dich in die Mitte!

Picasso steigt ins Auto.

Roberto (zu Augusto): Augusto, sei so gut und geh Zigaretten kaufen.

Picasso: Sag doch mal, wieviel zahlen wir denn Miete für das Auto?

Roberto: Null komma Nichts. Es gehört der Alten. Die hat sich bekifft. Die nächsten drei Tage kriegt die keiner wach. (zu Augusto) Augusto, los, die Zigaretten!

Augusto steigt aus und trottet auf das Café zu. Eine Schar von Schülern und Schülerinnen, die in Richtung Pincio unterwegs sind, kommt ihm entgegen. Die Schüler plaudern und lachen miteinander und verstopfen den Gehsteig. Augusto ist bereits an ihnen vorbei, als eine der Schülerinnen stehenbleibt und ihn ansieht.

Patrizia: Papa!

Augusto bleibt stehen und fährt herum. Er sieht das Mädchen an und wechselt unvermittelt den Gesichtsausdruck.

Augusto: Patrizia!

Patrizia geht einige Schritte auf Augusto zu.

Patrizia: Papa!

Er betrachtet das junge Mädchen mit einem halben Lächeln, verlegen und überrascht.

Augusto: Oh, wie du dich verändert hast... Ich hätte dich nicht wiedererkannt... wirklich nicht!

Auch Patrizia hat ein verlegenes Lächeln auf den Lippen. Jetzt hat eine ihrer Kameradinnen bemerkt, daß sie stehengeblieben ist, dreht sich um und ruft nach ihr.

Eine Schülerin: Patrizia! Patrizia, was machst du da?

Patrizia gibt der Kameradin ein Zeichen, zu warten.

Patrizia: Ich komme gleich!

Augusto: Ist heute keine Schule?

Patrizia: Mathematik ist ausgefallen, deshalb haben wir früher aus.

Patrizia: Ja.

Patrizia spricht nicht weiter. Um das Thema zu wechseln, sagt Augusto...

Augusto: Und Mama?

Patrizia: Der geht es gut. Sie hat ein bißchen die Grippe gehabt, aber jetzt geht es ihr schon wieder besser. (lächelt)

Sie wendet sich erneut an die Freundinnen...

Patrizia: Einen kleinen Augenblick nur, ich komme schon!

Augusto: Geh nur... geh... sie warten auf dich... Am besten komme ich dich besuchen, in den nächsten Tagen, bestimmt... oder ich ruf dich an.

Patrizia, ein wenig ungläubig...

Patrizia: Na schön.

Augusto: Im Ernst, wirklich. Ich verspreche es dir.

Patrizia: Ja, ja.

Augusto: Ciao, Patrizia!

Patrizia: Ciao, Papa!

Augusto nähert sich Patrizia, faßt sie an den Händen und küßt sie mit übertriebener Vertraulichkeit.

Patrizia entzieht sich fast gewaltsam Augustos Händen und läuft den Kameradinnen nach, ohne sich noch einmal umzudrehen.

Augusto bleibt ein Weilchen stehen, um dem wippenden Pferdeschwanz nachzusehen, der sich in der Menge verliert, und macht eine vage Grußgeste.

(Abblende)

Im 1400er Coupé der Sonderklasse. Tag.

Im 1400er Coupé, das etwa vierzig Kilometer außerhalb von Rom die Via Flaminia entlangfährt, sitzen Roberto, Augusto und Picasso. Augusto ist sehr schweigsam.

An einer Kurve erscheint eine Tankstelle.

Tankstelle auf dem Land. Außen. Tag.

Das Tempo drosselnd nähert sich das Auto und hält an. Der Tankwart, ein gewissenhaftes, kahlköpfiges älteres Männlein, eilt unverzüglich auf das Auto zu. Roberto steigt aus und begrüßt ihn auf amerikanisch, in seiner gewohnten, forsch-fröhlichen Art...
  Roberto: Hello, boy!
Dann reicht er ihm die Kofferraumschlüssel.
  Roberto: Zehn Liter.
Ein wenig umständlich, aber höchst diensteifrig stellt das Männlein die Anzeige an der Zapfsäule auf Null.
  Tankwart: Super?
  Roberto: Superissimo!
Der Tankwart öffnet den Kofferraum und steckt den Einfüllstutzen in den Tank.
  Roberto (mit vollen Lungen atmend): Hier läßt es sich aushalten, was? Nichts zu tun, von morgens bis abends... Und einen Haufen Geld verdienst du auch dabei. Ist es nicht so?
Der Tankwart geht resigniert lächelnd auf den Scherz ein.
  Tankwart: Na und ob! Das ganze Land ringsum gehört mir auch! (dann, nach einem Seufzer) Ach, wenn Sie wüßten, mein lieber Herr!
Roberto sieht ihn schweigend an, dann sagt er in ernstem, verständnisvollem Ton...
  Roberto (übertrieben entrüstet): Verdammt noch mal! Eigentlich sollte einer, der sein Leben lang geschuftet hat, irgendwann das Recht haben, sich auszuruhen! Was hast du für eine Arbeitszeit?
  Tankwart: Arbeitszeit? So etwas gibt es hier nicht. Wenn es jeden Tag etwas zum Essen geben soll, dann muß ich auch nachts dasein.
  Roberto: Nachts auch?
Währenddessen hängt der Tankwart den Stutzen wieder ein und schraubt den Tankdeckel zu.
  Tankwart: Öl? Wasser?
  Roberto: Nein, aber wirf mal einen Blick auf die Reifen. Schau sie dir mal an.
  Tankwart: Sofort.
Und während der Alte sich beeilt, den Auftrag auszuführen, zwin-

kert Roberto Augusto und Picasso zu, die den ganzen Vorgang aus
dem Wageninnern verfolgen.

Roberto: Wieviel macht das?

Tankwart: Macht tausenddreihundertachtzig Lire.

Roberto: Gut. (dann, sehr bestimmt) Ah, aber glaube bloß
nicht, daß ich dich bezahle!

Der Tankwart grinst belustigt.

Roberto: Denn die Sache ist leider die, lieber Freund, daß ich
auf dem trockenen sitze und um halb eins in Terni auf der
Präfektur sein muß. Machen wir es doch so, hör zu...

Er hält inne und tut, als dächte er nach.
Betroffen hat der alte Tankwart aufgehört, die Reifen aufzupumpen
und sieht ihn abwartend an. Als habe er die Lösung gefunden,
beginnt Roberto wieder zu sprechen.

Roberto: Du gibst mir zehntausend Lire; zehntausend plus
tausenddreihundertachtzig für das Benzin, macht zusammen
elftausenddreihundertundachtzig. Heute abend, wenn ich nach
Rom zurückfahre, kriegst du von mir dreizehntausend...
Okay? Hast du kapiert? He, willst du nicht antworten?

Der Alte hat nicht recht verstanden; er ist völlig verdattert.

Tankwart: Aber... äh... wie meinen Sie das?

Roberto (sich zu ihm hinabbeugend): Wie bitte?... Na sag
schon, los!

Tankwart: Ich habe nur gefragt, wie Sie das meinen.

Roberto mustert ihn lächelnd.

Roberto: Traust du mir nicht? Sag ruhig, daß du mir nicht
traust.

Tankwart: Doch, ich traue Ihnen, aber ich habe nicht ganz
verstanden.

Roberto tut resigniert und sagt verständnisvoll...

Roberto: Na gut! Nimm den Mantel...

Mit belustigter, herablassender Miene wendet er sich an die beiden
im Auto.

Roberto: He, habt ihr gehört? Den Mantel will ich... (lacht)

Picasso spielt sofort seinen Part, während Augusto ernst von einem
zum anderen blickt.

Tankwart: Nicht aus Mißtrauen, wissen Sie, aber ich muß auch
meinen Verpflichtungen nachkommen...

Roberto: Geben wir ihm den Mantel, los. Da, genügt dir das als
Pfand?

Tankwart: Ja.

Roberto zuckt die Achseln und hält dem Alten den Mantel hin, ohne ihn ihm zu geben.

Picasso tut verwundert und empört.

Picasso: Was?... Du läßt ihm für zehntausend einen Mantel, der fünfzigtausend wert ist?

Roberto: Was soll ich denn tun? Der Ärmste, er traut uns nicht. (dann scherzhaft) Käme dir wohl gerade recht, wenn ich ihn nicht mehr holen würde, was! Faß ihn nicht an, mit deinen schmutzigen Ölfingern.

Er händigt ihm den Mantel immer noch nicht aus, sondern tut, als suche er etwas in den Taschen.

Roberto: Ach, warte einen Augenblick! Das wäre denn doch ein bißchen viel.

Dabei zieht er eine Uhr aus der Tasche des Mantels und steckt sie sich in die Hosentasche.

Roberto: Die Uhr war noch drin. Da hättest du ein schönes Geschäft gemacht, was?

Tankwart: Wissen Sie, ich vertraue Ihnen, denn Sie sind ein Gentleman.

Roberto hakt den Alten unter und begleitet ihn zur Kasse.

Roberto: Danke für dein Vertrauen. Ich laß dir den Mantel da. Zeig mal, wo du ihn hintust.

Tankwart: Kommen Sie.

Er geht davon, auf den Kiosk zu.

Roberto (zu Augusto und Picasso): Netter Kerl, der Alte.

Im 1400er Coupé der Sonderklasse. Tag.

Im fahrenden Auto pfeift Roberto, der am Steuer sitzt, ein rührseliges Lied. Picasso versucht mitzuhalten, indem er dieselbe Melodie vor sich hinbrummt.

Augusto blickt stumm nach vorn.

Durch die Windschutzscheibe sieht man eine andere Tankstelle näher kommen.

Das Auto bremst...

Zweite Tankstelle. Außen. Tag.

... und hält vor den Zapfsäulen. Aus dem Häuschen kommt ein etwa fünfzehnjähriger Junge im Overall. Er hat ein kindliches, eifriges Gesicht. Er grüßt fröhlich lachend.

    Tankwart: Guten Tag!

    Augusto: Guten Tag.

    Tankwart: Benzin?

    Augusto: Zehn Liter Super.

    Tankwart: Ist der Tank hinten?

    Augusto: Ja.

Augusto steigt aus, während der Junge eilfertig den Anzeiger einschaltet, den Kofferraum öffnet, den Stutzen abhängt und in den Tank steckt.

Augusto bleibt neben der Zapfsäule stehen. Picasso reicht ihm einen Mantel heraus. Augusto nimmt ihn und legt ihn sorgfältig zusammen, um die Mängel zu verbergen.

(Abblende)

Dorfplatz. Außen. Tag.

Die kleine Piazza eines Dorfes im Latium, besetzt mit Jahrmarktsbuden.

Die laute, schrille Musik eines Karusells vermischt sich mit einer Lautsprecherstimme.

Augusto, Roberto und Picasso kommen eine Treppe herunter. Roberto und Picasso, beide fröhlich und ausgelassen und leicht beschwipst, trällern vor sich hin und scherzen miteinander. Augusto hält sich schweigsam ein wenig abseits.

Picasso, der eine Weinflasche in der Hand hat, klettert auf das Treppengeländer und beginnt darauf zu balancieren.

    Picasso: Olé, Olé!... Attention, Messieurs. S'il vous plaît, attention!

Plötzlich tut er, als gleite er aus. Roberto, der seine Hand hält, fängt ihn auf. Dann, während sie weiter die Stufen hinuntergehen ...

    Roberto (streckt den Finger aus): Oh, guck mal, da drüben ist ein Kraftmesser.

    Picasso: Ah, prima!

    Stimme aus dem Off: Prüfen Sie Ihre Muskeln!

Sie sind unten auf dem Platz angelangt, wo einige Lunapark-Vergnügungsbuden stehen.

Roberto: Sag, sollen wir es mal probieren?

Picasso: Also los, warum auch nicht?

Augusto steht abseits. Picasso ruft ihm zu...

Picasso: Augusto, kennst du dieses Lied?

Stimme aus dem Off: Prüfen Sie Ihre Muskeln!

Roberto und Picasso gehen, fröhlich im Takt der Musik hüpfend, auf die Jahrmarktsbuden zu.

Im »Rotor«. Tag.

Augusto nimmt zusammen mit den wenigen anderen Zuschauern auf dem kleinen Balkon Platz und beugt sich hinab, um ins Innere des Zylinders zu blicken...

... wo sich Roberto und Picasso sowie zwei, drei Halbstarke befinden.

Noch steht der Zylinder still.

Roberto ruft zu zwei Soldaten hinauf, die neben Augusto stehen...

Roberto: Werft mir mal den alten Herrn da runter... ist ein Bekannter von mir!

Der Inhaber des »Rotors« schickt sich an, das Türchen zu schließen. Picasso, der ein wenig blaß ist, möchte wieder hinaus.

Picasso: Einen Moment... Ich glaube...

Roberto packt ihn am Arm.

Roberto: Bleib da! Wo willst du hin?

Picasso versucht noch, sich loszumachen; doch jetzt ist die Tür verschlossen, und der »Rotor« setzt sich langsam in Bewegung.

Augusto sieht von oben, wie der Zylinder sich zu drehen beginnt und Picasso und Roberto gegen die Wand gedrückt werden. Die Drehgeschwindigkeit steigert sich unter dumpfem Dröhnen. Picasso und Roberto kleben an der Wand, während sich unter ihren Füßen der Boden senkt. Augusto sieht zu ihnen hinab und wird von Übelkeit erfaßt.

Der »Rotor« kreist immer schneller.

Picasso und Roberto, die in verkrümmten, grotesken Posen an der Wand kleben, haben etwas Tragisches an sich.

Augustos Gesicht drückt tiefes Unbehagen aus.

(Abblende)

Im Dorf. Außen. Nacht.

Nun herrscht dunkle Nacht. Eine Turmuhr schlägt langsam zehn-mal.

Am Ende einer kleinen Straße kommen Augusto, Roberto und Picasso aus der Tür einer Trattoria mit Hotelbetrieb.

Augusto und Roberto gehen gedankenverloren nebeneinander her, die Hände tief in den Taschen.

Roberto läßt, halblaut vor sich hin summend, den Blick umher-schweifen. Augusto ist schweigsam und verdrossen.

Picasso hält sich ein Stück abseits: er ist sichtlich beschwipst und torkelt mit offenem Mantel hinter den beiden her.

> *Picasso:* He, laßt uns die mittelalterliche Festung besichtigen!
> *Augusto:* Hör auf, du Trottel!
> *Roberto:* Hör dir diese Nervensäge an!

Roberto geht auf ein Tor zu und spitzt lauschend die Ohren.

> *Roberto:* Pst! leise... ah, das ist ein Stall.

Er geht zusammen mit Augusto weiter und murrt...

> *Roberto:* Ist es möglich, daß im ganzen Dorf keine Frau zu finden ist? Herrje, nicht eine gibt es hier, was?

Er tritt in eine Seitenstraße und ruft...

> *Roberto:* He, ihr Frauen! Oh, kannst du dir vorstellen, was für Leute hier leben? Da kann man sich gleich erschießen.

Hinter ihnen hat sich Picasso den Mantel ausgezogen und schwenkt ihn in der Luft, während er torkelnd weitergeht.

> *Picasso:* Meine Damen und Herren! Garantiert reine englische Wolle! Reine Wolle!

Er hält den Mantel an einem Zipfel hoch, steckt zwei gespreizte Finger hinein und durchbohrt ihn, als sei er aus Papier. Dann hängt er ihn sich über den Kopf und ruft mit trunkener Stimme...

> *Picasso:* Extrem haltbar... Unverwüstlich... Olé, alle herse-hen, die Corrida beginnt! Gleich wird der Stier aufgespießt! Olé!

Er stürmt, den Stier imitierend, auf Roberto und Augusto zu.

> *Augusto:* Paß auf, du schlägst dir den Schädel ein! Der spinnt ja!

Die beiden gehen noch ein paar Schritte weiter. Picasso ist stehenge-blieben und lehnt dümmlich lachend an einer Mauer. Unversehens wird er ernst und starrt auf ein Bild der Madonna in einer Mauerni-sche an einem Haus.

Er geht auf den kleinen Altar zu. Wie von plötzlicher Reue ergriffen, betrachtet er ihn und verzieht sich dann hinter einen Mauervorsprung, von wo aus er noch einmal zu dem Marienbild hinüberspäht.

Augusto und Roberto gehen langsam weiter. Roberto pfeift vor sich hin. Unvermittelt sagt Augusto mit dumpfer Stimme...

Augusto: Wir müssen uns ernsthafteren Dingen zuwenden. So kann es nicht weitergehen.

Roberto erwidert leichthin, in spöttisch-aggressivem Ton...

Roberto: Wer will denn so weitermachen? Ich bin doch nicht dumm. Das hier sind Kindereien, die man nur so zum Spaß macht.

Vor einem kleinen Tor bleiben sie stehen.

Roberto: Ich werde Sänger... Sowie ich ein bißchen Geld habe, fange ich ernsthaft an zu üben... (ohne Übergang, sprunghaft) Ich hab mir schon alle Platten von Johnny Ray gekauft. Alle. Das ist genau mein Genre.

Augusto zuckt die Achseln und sagt trocken...

Augusto: Du wirst nie üben...

Aber die Bemerkung berührt Roberto gar nicht; mit beißendem Spott entgegnet er...

Roberto: Ich will ja nicht enden wie du, ich... (großspurig) Du bist mir ein warnendes Beispiel, alter Freund!... (trällert) ein warnendes Beispiel, alter Freund!

In diesem Augenblick werden sie auf Picasso aufmerksam, der torkelnd mitten auf einem kleinen Platz mit ein paar Karussells steht und laut ruft...

Picasso: Augusto!

Picasso springt auf das Kettenkarussell, klammert sich an einen der Sitze und rüttelt daran.

Roberto (zu Augusto): Dieser Verrückte! Komm mit! (zu Picasso) Picasso, laß das!

Picasso: Kommt her, ich bezahle für alle. Was kostet es?

Augusto, der mit Roberto näher gekommen ist, geht auf ihn zu, packt ihn gewaltsam und voller Zorn und schüttelt ihn.

Augusto: Los, gehen wir!

Picasso versucht sich zu befreien.

Picasso: Nein, nein, Ich will eine Runde fahren... Laß mich los, wo schleppst du mich hin?

Augusto packt Picasso erneut und zerrt ihn weg. Roberto, der dicht daneben steht, beobachtet die Szene.

83

Augusto (zu Picasso): Hör auf! Schau doch, wie du aussiehst! Picasso, der immer stärker schwankt, lallt…

Picasso: Augusto, was kostet ein Karussell? Roberto, was meinst du, wieviel ein Karussell…

Er torkelt noch ein paar Schritte weiter, dann fällt er wimmernd und die Augen verdrehend auf die Knie.

Augusto (off): Siehst du? Das kommt davon, wenn man ihn trinken läßt!

Picasso: Mir ist schlecht…

Roberto: Habe ich ihm vielleicht zu trinken gegeben? Die zwei Gläschen! So ein Schlappschwanz!

Augusto beugt sich über Picasso, um ihm wieder auf die Beine zu helfen.

Augusto: Ach was, zwei Gläschen! Eine ganze Flasche hast du ihn trinken lassen.

Roberto: Laß ihn doch, laß ihn!

Picasso (wimmernd): Laß mich hierbleiben!

Augusto (zu Roberto): Weißt du denn nicht, daß der vom Weingeruch schon blau wird?

Roberto (aufgebracht): Was willst du eigentlich?

Augusto (bei sich): Der findet das auch noch lustig, der amüsiert sich…

Unterdessen hat er Picasso auf die Füße gestellt und führt ihn zu einem Brunnen.

Augusto: Los, komm, wasch dir das Gesicht!

Geschoben von Augusto, geht Picasso auf den Brunnen zu und beugt sich über den Rand.

Augusto: Na los, mach schon!

Und er drückt ihm den Kopf unter den Wasserstrahl. Picasso sträubt sich, aber Augusto hält ihn fest.

Roberto: Na mach schon, du Großmaul, laß es ihm über den Nacken laufen!

Picasso wehrt sich schreiend und schimpfend.

Picasso: Au, au, das tut weh!

Dann gelingt es ihm, sich zu befreien; er rappelt sich hoch, stürzt sich auf Augusto und gibt ihm einen Schlag auf den Arm.

Picasso: Laß mich in Ruhe!

Augusto: Ooh…

Picasso geht immer noch jammernd davon, während er sich mit einem Zipfel des Mantels den Hals abtrocknet.

Er setzt sich auf das Mäuerchen einer Treppe.

Picasso: Laßt mich allein!

Roberto ruft jemandem nach, der am andern Ende der Piazza vorbeigeht.

Roberto: Heda, he, du!

Und er rennt hinter dem Mann her. Augusto dreht sich zu ihm um.

Augusto: Wo willst du denn jetzt wieder hin?

Roberto: Ich will ihn etwas fragen.

Augusto: Warte doch auf uns!

Er tritt zu Picasso.

Picasso: Laßt mich... Geh weg... du auch, Augusto, geh!

Augusto kauert sich vor ihm nieder.

Augusto: Wie fühlst du dich?

Picasso atmet schwer; der Rausch hat ihm einen schlimmen Katzenjammer beschert. Leise murmelt er...

Picasso: Mir geht's schlecht, ja, mir geht's schlecht.

Er steht schwankend auf, als habe er einen plötzlichen, verzweifelten Entschluß gefaßt, und beginnt die Treppen hinabzusteigen.

Picasso: Macht, was ihr wollt... ich gehe nach Hause. Fahrt ihr ruhig nach Florenz, macht euch keine Sorgen. Ich will nach Hause, weil mir übel ist.

Augusto steht auf und folgt ihm.

Augusto: Wo gehst du hin? Du siehst doch, daß du dich nicht auf den Beinen halten kannst, oder?

Picasso ist einige Stufen hinuntergegangen und bleibt an die Mauer gelehnt stehen. Augusto holt ihn ein und zieht ihm den Mantel aus.

Augusto: Na, komm her, zieh das Ding da aus... und lauf ein Stück, das tut dir gut.

Er versucht, ihn mit sich zu ziehen, aber Picasso fällt auf die Stufen. Picasso preßt die Hände vors Gesicht und fängt zu weinen an; endlich sagt er mit erstickter Stimme...

Picasso: Irgendwann einmal wird sie nicht mehr da sein, wenn ich heimkomme... Heute morgen hätte ich nicht weggehen sollen... Iris hat mir so viele Fragen gestellt... Sie hat einen Verdacht. Eines Tages wird sie von zu Hause weglaufen. Ich darf nicht mehr mit euch kommen. Iris argwöhnt etwas, und ich habe es satt, ihr immer Märchen aufzutischen... Sie ist imstande, es zu tun; eines schönen Tages nimmt sie die Kleine und geht zu ihrer Mutter... Aber wenn sie mir die Kleine wegnimmt, dann bringe ich mich um...

85

Picasso streckt sich lang auf der Treppe aus, den Kopf auf den Arm gestützt. Augusto betrachtet ihn mit einer Mischung aus Mitleid und Verachtung; in Wirklichkeit jedoch ist er betroffen und verwirrt.

Augusto: Was ist dir auch in den Kopf gefahren, mit achtzehn zu heiraten?... Du hast dich reinlegen lassen... Was willst du jetzt noch machen? Reingefallen bist du, reingefallen... (er unterbricht sich, wie um sich zu zügeln; dann, in nüchternerem Ton) Du mußt umsatteln. Du bist für unsere Arbeit nicht geschaffen... Wechsle den Beruf, such dir etwas Besseres.

Picasso steht wieder auf und sieht Augusto leicht verwirrt, fast beschämt an.

Picasso: Wieso?... Ich hab das richtige Gesicht dafür... Das hast du selbst immer gesagt, mit meinem Gesicht... kann ich reinlegen, wen ich will. Ich sehe doch aus wie ein Engel. Mich kannst du an jedem beliebigen Fleck der Welt stehenlassen, auch wo ich niemanden kenne, ich schlage mich immer durch.

Augusto betrachtet ihn mit Verachtung und Mitleid; dann sagt er unvermittelt...

Augusto: Sag einmal: Eine Million...

Picasso versteht nicht.

Picasso: Warum?

Augusto: Los, los, du hast richtig verstanden. Sag: Eine Million...

Picasso zögert immer noch; dann murmelt er unsicher und kläglich, mit tränennassem Gesicht...

Picasso: Eine Million... (grinst)

Augusto: Siehst du, du kannst es nicht einmal sagen. Und weißt du auch warum? Weil du dir die Millionen gar nicht vorstellen kannst. Kaum hast du ein bißchen Knete, dann nimmst du sie und bringst sie deiner Frau, du Unglücksrabe!

Picasso: Augusto, ich...

Augusto spricht leise, aber immer erregter weiter...

Augusto: Bei unserer Arbeit darf man keine Familie haben. Da muß man frei sein, zu kommen und zu gehen, wann es einem paßt, zu tun und zu lassen, was man will. Da kann man nicht ständig der Frau am Rockzipfel hängen. Man muß allein sein. Wenn man jung ist, ist Freiheit das wichtigste, wichtiger noch als die Luft zum Atmen. Wenn du jetzt schon Angst hast, was wird dann sein, wenn du in meinem Alter bist? Die Jahre vergehen schnell, weißt du das?

Er unterbricht sich abrupt. Einen Augenblick schweigt er, dann nimmt er Picasso am Arm und zieht ihn hoch.

Augusto: Los jetzt, steh auf! Na mach schon!

Picasso rappelt sich mühsam hoch und geht zusammen mit Augusto weiter die Treppe hinunter.

Augusto: Ein bißchen frische Luft tut dir gut.

Picasso brummelt halblaut und undeutlich vor sich hin.

Augusto: Jetzt geht es ja schon besser!

Picasso: Ja, es geht besser. Aber nach Florenz komme ich nicht mit, ich fahre nach Hause zurück...

Augusto: Ach was... In Florenz amüsieren wir uns ein bißchen... Wir haben einen Haufen Geld.

Picasso (halblaut, bestimmt): Nein, ich fahre heim...

Dann bleibt er ganz plötzlich stehen und sieht Augusto an.

Picasso: Augusto, wie machst es du denn? Ich bewundere dich, deinen Mut möchte ich haben. Wie hältst du das aus, in deinem Alter? Kriegst du nie Angst?

Augusto schweigt einen Augenblick tief betroffen.

Augusto: Angst wovor denn?

Picasso (verzagt): Nein, ich bin nicht so wie du, ich... (hebt die Augen zum dunklen Himmel) He, es fängt zu regnen an!

An der Brüstung oben an der Treppe erscheint Roberto. Er ist in Begleitung einer brünetten Frau. Picasso hält inne und blickt zu Roberto hinauf.

Stimme von Roberto (off): Augusto! Picasso! E voici Miss Frosinone!

Picasso: Sieh dir Roberto an...

Augusto gibt sich einen Ruck und blickt in die gleiche Richtung wie Picasso, und augenblicklich weicht die Kümmernis in seinem Gesicht einer freudigen Erregung.

Roberto: Da seht ihr, was für ein Freund ich bin!

Augusto: Warte!

Augusto setzt sich in Bewegung und fordert Picasso auf, ihm zu folgen.

Augusto: Komm mit, gehen wir!

Aber Picasso rührt sich nicht von der Stelle; er ruft...

Picasso: Augusto! Augusto! Wohin gehst du?

Augusto geht eilig die Treppe hinauf, auf Roberto zu, während er weiter versucht, Picasso zum Mitkommen zu bewegen.

Augusto: Komm, gehen wir! Gehen wir! Na komm schon!

Auch Roberto fordert Picasso auf, sich ihnen anzuschließen.

Roberto: He, Picasso, was ist mit dir? Beeil dich, komm rauf. Komm, sieh dir das an. Sieh mal, was für eine Puppe!

Roberto geht, die Frau vertraulich an sich drückend, auf Augusto zu und stellt die beiden einander mit gespielter und ironischer Förmlichkeit vor.

Roberto: Signora Luigina... eine hiesige Edeldame... Signor Augusto, unser geistliches Oberhaupt. Die Signora hat den Wunsch geäußert, eine romantische Spazierfahrt zu machen.

Frau: Nimm die Pfoten weg, hier im Dorf kennt mich jeder.

Roberto (ironisch): Entschuldigen Sie, Signora.

Dann wendet er sich an einen Mann mit einem Fahrrad, der nicht weit von ihnen stehengeblieben ist.

Roberto: Was willst du noch? Warte einen Augenblick.

Er geht zu dem Mann und gibt ihm Geld.

Roberto: Da, nimm.

Halb erregt, halb verächtlich mustert Augusto die Frau im Halbdunkel von Kopf bis Fuß; sie ist um die Vierzig, bescheiden gekleidet, von plumper Gestalt und mit einer derben Sinnlichkeit im Gesicht.

Frau: Ich habe schon geschlafen. Viel Zeit habe ich nicht... Um Mitternacht kommt mein Mann nach Hause...

Roberto (zu den beiden): Also, gehen wir, es regnet!

Augusto fragt immer belustigter und aufgekratzter...

Augusto: Was macht er denn, dein Mann?

Die Frau zuckt die Achseln.

Frau: Er arbeitet.

Das elegante Auto beeindruckt sie.

Frau: Was für ein schönes Auto! (dann zum Mann mit dem Fahrrad) Danke, Amilcare, morgen dann...

Augusto führt die Frau zum Auto, läßt sie einsteigen und will hinter ihr hineinklettern, aber Roberto hält ihn zurück.

Roberto (sich vor der Frau verbeugend): Signora! (dann zu Augusto) Wo willst du denn hin? Was hast du vor? Wo willst du hin?

Sie brechen beide in Gelächter aus, mit vor Erregung glänzenden Augen angesichts des unverhofften Abenteuers. Augusto hat seine düstere Stimmung völlig vergessen und steigt neben der Frau ins Auto. Roberto schließt in aller Förmlichkeit die Wagentür und geht um das Auto herum auf die Fahrerseite.

Er sieht Picasso, der schwankend am Fuß der Treppe steht und die ganze Szene beobachtet.

Roberto: Picasso! Geh schlafen, Kleiner, schlaf dich schön aus! Wir sehen uns morgen früh, ja? Ciao.

Picasso: Ciao.

Roberto setzt sich ans Steuer, schlägt die Tür zu und läßt den Motor an.

Im Wageninnern hört man die Stimme der lachenden Frau.

Stimme der Frau: Ganz schön eng hier! Was, Radio ist auch da? Schalte es ein!

Das Auto startet und entfernt sich.

Picasso bleibt allein zurück. Er blickt ein Weilchen verloren und unschlüssig um sich. Dann erhellt ein erleichtertes Lächeln sein Gesicht und er macht sich, vor sich hinmurmelnd, entschlossen auf den Weg.

Picasso: Nach Hause ... Ja, ich gehe nach Hause ...
Ich gehe heim!

Er wirft den Mantel weg, den er in der Hand hatte, und rennt los.
(Abblende)

Im Korridor eines kleinen Hotels. Nacht.

Picasso geht vorsichtig, sich an der Wand abstützend, den kurzen, engen und winkligen Flur entlang, auf den sich zwei, drei Türen öffnen. Eine davon stößt er auf und tritt ein.

Picassos Hotelzimmer. Innen. Nacht.

Picasso tritt in sein Zimmer: ein schäbiges Zimmer der untersten Preisklasse. Es enthält zwei Betten, eine wacklige Kommode, eine Waschschüssel aus Email. Picasso läßt sich rücklings aufs Bett fallen. Eine Zeitlang bleibt er so liegen und starrt zur Decke hinauf. Dann dreht er den Blick langsam zu seiner Ledertasche, die auf der Kommode steht. Er sieht sie lange an.

Mit einem Ruck springt er auf, als habe er einen Entschluß gefaßt. Er greift nach der Tasche und verläßt damit das Zimmer.
(Überblendung)

Landstraße. Außen. Nacht.

Picasso steht an der Straße am Ortsausgang.
Er versucht sich gegen den Regen zu schützen, indem er seinen Kragen hochhält und sich an eine Mauer drückt.
Die Scheinwerfer eines Lastwagens kommen in der Dunkelheit näher.
Picasso tritt mitten auf die Straße und schwenkt den Arm. Der Lastwagen bremst und bleibt nicht weit von ihm stehen. Picasso rennt zur Wagentür. Der Fahrer streckt den Kopf heraus.
> *Picasso:* Fahrt ihr nach Rom?
> *Fahrer:* Ja.
> *Picasso:* Nehmt ihr mich mit? Ich bezahle euch.
> *Fahrer:* Steig ein... Auf der anderen Seite.
Zwischen den Pfützen durchhüpfend, geht Picasso um den Kühler herum zur anderen Wagentür, die ihm der Beifahrer öffnet.
Er klettert gewandt in die Kabine hinauf. Die Tür wird zugeschlagen, und der Lastwagen fährt weiter.

Fahrerkabine des Lastwagens. Innen. Nacht.

Picasso setzt sich auf den schmalen Platz neben dem Beifahrer und wirft im Dunkeln einen Blick auf die schweigsamen Gesichter der beiden Männer; dann lehnt er mit einem gelösten, glücklichen Lächeln den Kopf an die Wand...

Kleine Straße in ländlicher Gegend. Außen. Nacht.

In der Dunkelheit schwarz glänzend, steht Robertos Auto auf einer kleinen Nebenstraße. Die Tür öffnet sich und Augusto steigt aus. Er macht langsam und bedächtig ein paar Schritte und ruft halblaut...
> *Augusto:* Roberto!
Ein dunkler Schatten löst sich von einem niedrigen Baum in der Nähe. Es ist Roberto. Er kommt auf Augusto zu und geht an ihm vorbei auf das Auto zu. Als sie sich begegnen, fragt Roberto leise und spöttisch...
> *Roberto:* Na?

Augusto gibt keine Antwort. Er stellt sich unter den Baum, an die gleiche Stelle wie vorher Roberto. Man hört, wie die Wagentür zugeschlagen wird.

Augusto lehnt sich vorsichtig gegen den Baumstamm und schlägt den Mantelkragen hoch.

Er zündet sich eine Zigarette an und raucht ein paar Züge. Auf seinem Gesicht liegt jetzt ein ernster, schwermütiger Ausdruck.

Er blickt kurz zum Auto hinüber, das auf der Straße steht; wendet die Augen aber mit einer kaum angedeuteten, unwillkürlichen Grimasse des Abscheus sogleich wieder ab. Er läßt den Blick umherschweifen. Kein einziges Licht durchbricht das Dunkel in dieser verlassenen Gegend. Es herrscht tiefste Stille, nur das leise Rauschen des Regens ist zu hören.

Augustos Gesicht wird immer trübsinniger, immer finsterer. Irgendeine dunkle Angst hat sich seiner bemächtigt.

Platz in einem Neubauviertel. Außen. Tag.

Ein später Sonntagvormittag, gegen zwölf Uhr. Die Glocken einer Kirche läuten zur Messe. Viele Leute kommen aus der Kirche oder gehen hinein.

Patrizia, die Tochter von Augusto, kommt aus der Kirche.

Sie ist sehr schlicht und doch elegant gekleidet.

An der Art, wie Patrizia suchend über die Menge blickt, erkennt man, daß sie auf jemanden wartet. Nach ein paar Sekunden taucht hinter ihr Augusto auf, ebenfalls in festtäglicher Kleidung.

Augusto: Hab ich dich lange warten lassen?

Patrizia dreht sich um und lächelt ihn an.

Patrizia: Oh nein... du bist ganz pünktlich, Papa.

Augusto faßt sie an den Händen und betrachtet sie wohlgefällig.

Augusto: Laß dich mal anschauen... Elegant siehst du aus!

Patrizia, die sich leicht unbehaglich fühlt, weiß nicht, was sie antworten soll. Augusto tritt auf einen Blumenverkäufer zu, nimmt eine Blume und gibt sie Patrizia.

Augusto: Warte mal.

Patrizia: Nicht doch, mach dir keine Umstände.

Augusto: Hör zu. Herrlicher Tag, heute. Ich hätte eine Idee. Warum gehen wir nicht nach Monte Mario essen?

Patrizia hakt sich bei ihrem Vater unter.

Patrizia: Na gut, gehen wir.

Augusto: Oder ist dir ein Restaurant in der Stadt lieber?

Patrizia: Mir ist es egal. Hauptsache, ich bin um sieben Uhr wieder zu Hause.

Augusto: Dann gehen wir nach Monte Mario.

Augusto nimmt seine Tochter am Arm, und sie machen sich gemeinsam auf den Weg.

Trattoria in Monte Mario. Außen. Tag.

Augusto und Patrizia sitzen an einem Tisch auf der Terrasse einer Trattoria. Um sie herum sind weitere gedeckte und besetzte Tische. Patrizia und Augusto sind mit dem Essen schon fertig.

Patrizia betrachtet stumm den Vater. Ein wenig verlegen fragt Augusto...

Augusto: Ich bin ein bißchen dicker geworden, stimmt's?

Patrizia: Nein, du siehst sehr gut aus.

Augusto (mit leichter Bitterkeit): Weißt du, wie alt ich bin? Achtundvierzig.

Patrizia: Das ist doch gar nicht so viel.

Augusto lächelt gequält. Wieder tritt Schweigen ein, dann wechselt er das Thema und fragt...

Augusto: Hör mal, was hast du vor, wenn du mit der Schule fertig bist?

Patrizia: Das ist es ja... Ich muß mich bald entscheiden...

Augusto: Was entscheiden?

Patrizia: Ob ich weitermachen oder aufhören soll... Ich müßte noch vier Jahre aufs Lehrerseminar gehen... und vier Jahre sind recht lang...

Augusto: Aber wieso... Gefällt dir das Lernen nicht?

Patrizia: Doch, es gefällt mir... Wenn es nach mir ginge, würde ich weitermachen... Mama sagt auch, ich soll weitermachen, aber ich kann ihr doch nicht ewig auf der Tasche liegen.

Augusto schweigt einen Augenblick und steckt sich eine Zigarette an; offenbar hat sie ihn an seiner empfindlichsten Stelle getroffen. Patrizia bemerkt es und wird verlegen. Augusto fährt fort...

Augusto: Und... nach dem Seminar, was würdest du dann machen?

Patrizia: Lehrerin.

Augusto: Was?

Patrizia: Lehrerin...

Augusto: Das würde dir Spaß machen?

Patrizia: Sicher... Ich habe auch schon eine Idee... Ich suche mir jetzt schon eine Arbeit... für die Freizeit... dann kann ich die Schule bezahlen... Viele von meinen Kameraden machen es so... Eine Freundin von mir hat zum Beispiel eine Stelle als Kassiererin gefunden und verdient ganz gut dabei.

Augusto: Aber... wieviel verdient wohl eine Kassiererin?

Patrizia: Ach, dreißig... fünfunddreißigtausend...

Augusto (verwundert): Wieviel?

Patrizia: Fünfunddreißigtausend.

Augusto: Fünfunddreißig? Was willst du denn mit fünfunddreißigtausend Lire im Monat? Damit kommt doch keiner aus!

Patrizia: Die Bezahlung ist aber so, mehr oder weniger... Viele müssen davon leben... Alle...

Sie wird durch den Kellner unterbrochen, der das Dessert und den Cognac bringt. Beide schweigen einen Augenblick; dann, während der Kellner sich wieder entfernt, spricht Patrizia weiter.

Patrizia: Weißt du, heutzutage müssen die jungen Leute sich ihren Lebensunterhalt selbst verdienen. Ach, weißt du... ich rede nur so daher... denn um die Stelle einer Kassiererin zu kriegen, bräuchte man die Kaution: dreihunderttausend Lire... (lacht) und wer hat die schon?

Augusto sieht sie stumm an, während er seine Sonnenbrille aus der Jackettasche zieht. In der Sonnenbrille hat sich die Damenarmbanduhr verfangen, die er ebenfalls in der Tasche hatte. Patrizia sieht die Uhr.

Sie wirft einen raschen Blick auf Augusto und lächelt verlegen, als wäre ihr plötzlich der Gedanke gekommen, die Uhr sei ein Geschenk für sie. Sie faßt sich aber sofort wieder und sagt mit ostentativer Unbefangenheit, die ihren Gedanken noch offenkundiger macht...

Patrizia: Oh, wie hübsch... sehr hübsch!

Augusto hat alles bemerkt und ist ebenfalls verlegen.

Augusto: Gefällt sie dir?

Patrizia: Ah, sie sie wunderschön...

Wieder tritt ein kurzes, verlegenes Schweigen ein; dann macht Patrizia Miene, dem Vater die Uhr zurückzugeben.

Augusto: Nein, behalte sie... Sie gehört dir.

Patrizia: Mir?... Nein, das geht doch nicht!...

Augusto: Ach, was du sagst! Ist doch nur eine Kleinigkeit.

Er nimmt die Uhr und legt sie ihr ums Handgelenk.

Augusto: Sei vorsichtig, wenn du sie aufziehst, sie ist sehr empfindlich...

Patrizia: Danke, Papa. Sie ist sehr schön.

Patrizia hält sich die Uhr ans Ohr und betrachtet sie dann erneut voller Zufriedenheit. Augusto ruft den Kellner.

Augusto: Herr Ober, die Rechnung bitte.

(Abblende)

Am Kino. Außen. Tag.

Eine Stunde später.

Augusto und Patrizia stehen vor einem Kino und sehen sich die Bilder an. Um sie herum eine kleine, sonntägliche Schar von Frauen, Kindern, Ehepaaren und Verlobten.

Augusto hat sich bei seiner Tochter eingehakt und drückt sie fest an sich, als habe er sie sich neu erobert. Er ist stolz auf sie, und ein wenig auf sich selbst, weil es ihm gelungen ist, ihr Vertrauen zu gewinnen.

Zum ersten Mal fühlt er sich als »Vater«.

Augusto: Wollen wir reingehen?

Patrizia: Wenn es dir Spaß macht, Papa...

Augusto: Nein, wenn es dir Spaß macht!

Patrizia: Aber hier ist es zu teuer!

Ohne eine Antwort zieht Augusto seine Tochter zur Kasse.

(Abblende)

Im Kino.

Auf der Leinwand läuft der Film.

Augusto und Patrizia werden von der Platzanweiserin zu einer Sesselreihe hinten im Saal geführt.

Platzanweiserin: Bittesehr... da drüben, sehen Sie? (lächelt) Da sitzen Sie am besten, nicht wahr?

Augusto gibt der Platzanweiserin ein Trinkgeld.

Platzanweiserin: Danke.

Die Platzanweiserin geht. Augusto und Patrizia setzen sich. Augusto lächelt.

Augusto (leise): Sie hat uns für Verlobte gehalten!

Patrizia lächelt.

Augusto: Siehst du's?

Patrizia: Oh ja.

Augusto und Patrizia sehen sich lächelnd an. Eine gewisse Scheu überwindend, sagt Augusto mit betonter Lässigkeit...

Augusto: Wenn du weiterstudieren willst... Für die Kaution sorge ich schon.

Patrizia sieht ihn verdutzt an. Wie um die Sache herunterzuspielen, im Grunde genommen aber, um sich ein wenig wichtig zu machen, setzt Augusto hinzu...

Augusto: Zwei-, dreihunderttausend Lire sind für mich eine Kleinigkeit. Die treibe ich schon auf, wenn ich will.

Patrizia ist sehr gerührt und sagt nur...

Patrizia: Oh Papa.

Dann, in einer plötzlichen Anwandlung, beugt sie sich über ihn und gibt ihm einen Kuß. Augusto lächelt leicht verwirrt. In diesem Augenblick geht das Licht an. Der Saal ist voll besetzt. Wie immer in den Kinopausen herrscht eine träge Stille, die von der Stimme des Eisverkäufers unterbrochen wird.

Eisverkäufer: Eis... Schokolade... Bonbons...

Augusto: Willst du ein Eis?

Patrizia: Ja, gerne.

Augusto: Zweimal Eis.

Der Verkäufer nähert sich. Während sich Augusto vorbeugt um das Eis zu kaufen, sagt er rasch und vertraulich zu Patrizia...

Augusto: Nimm dir nichts vor für Sonntag... wir verbringen ihn zusammen, ja?

Dann ruft er erneut...

Augusto: Eis!

Ein paar Reihen vor Augusto und Patrizia sitzt ein blonder Mann von zwielichtigem Aussehen, der sich gerade kämmt. Augusto erblickt ihn und zuckt vor Schreck zusammen. Er bedeckt sich mit einer Hand das Gesicht, um nicht erkannt zu werden.

Patrizia bemerkt die Geste des Vaters und fragt besorgt...

Patrizia: Was ist los? Fühlst du dich nicht wohl? Hm?

Augusto: Nein, nein, es ist nichts.

Augusto verbirgt sein Gesicht weiter hinter der Hand und behält den Mann im Auge. Einen Augenblick, bevor es im Saal wieder dunkel wird, dreht der Mann sich zufällig um. Er entdeckt und erkennt Augusto.

Die beiden fixieren sich einen Augenblick lang, dann steht Augusto von Angst gepackt auf und will sich unter einem Vorwand verziehen...

Augusto (zu Patrizia): Ich gehe Zigaretten holen.

Der Mann, der Augustos Manöver bemerkt hat, erhebt sich und folgt ihm.

Hinten im Saal treffen die beiden Männer zusammen.

Augusto dreht sich mit einem kläglichen Lächeln um.

Der Blonde pflanzt sich mit ernster Miene vor Augusto auf.

Augusto (leise): Ciao! Wie geht's?

Der Mann fixiert Augusto böse, dann sagt er mit dumpfer, drohender Stimme...

Mann: Seit sechs Monaten suche ich dich...

Augusto tut ruhig und gelassen und sagt lächelnd...

Augusto (leise): Können wir nicht morgen darüber reden?

Blonder Mann: Morgen? Nichts da, wir erledigen es jetzt, auf der Stelle. Augusto fleht um Gnade...

Augusto (leise): Hör doch, bitte...

Mann (brüllt ihn an): Du Aas! Feiger Hund! Dir werd ich's geben!

Der Blonde ist in Fahrt gekommen und packt Augusto am Kragen. Stammelnd versucht Augusto, sich seinem Griff zu entwinden.

Augusto: Du übertreibst... Laß uns rausgehen und in aller Ruhe darüber reden... Hier doch nicht...

Blonder Mann (brüllt): Wir reden hier! Hier schlag ich dir die Fresse ein!

Der ganze Saal dreht sich nach den beiden Streitenden um.

Stimmen: Was gibt's? Schluß jetzt! Geht raus, wenn ihr streiten wollt!

Ohne Augusto loszulassen, dreht sich der Blonde kurz nach einem Freund um, der dazugetreten ist.

Mann: Guck mal, wer da ist!

Freund (zu Augusto): Ah, da ist er ja! Sehr gut, bravo!

Viele der Zuschauer sind jetzt aufgestanden und protestieren laut. Auch Patrizia hat sich umgedreht und blickt nach hinten.

Augusto: Gehen wir raus, bitte!

Vorraum Kino. Innen. Tag.

Der Blonde und Augusto treten in den Vorraum des Kinos hinaus.
Patrizia folgt ihnen besorgt.

Augusto: Wieso ins Polizeipräsidium? Was habe ich denn
getan?

Blonder (zu seinem Freund): Dieser Schurke fragt auch noch,
was er getan hat!

Freund (zum Blonden): Bleib ruhig, sonst stellst du dich ins
Unrecht. Bei der Polizei läßt es sich besser verhandeln.

Blonder (wütend): Ach was, Polizei! Ich breche ihm alle
Knochen, diesem Gauner!

Ein Polizist kommt eifrig auf das Grüppchen zu. Der Freund
erblickt ihn und bittet ihn einzugreifen.

Freund: Ah, da ist ein Polizist! Hören Sie, bitte...

Polizist: Was ist passiert? Was geht hier vor?

Augusto (flehentlich): Bitte, bitte, laß mich jetzt gehen!

Der Polizist stellt sich zwischen Augusto und den Blonden.

Polizist: Was ist geschehen?

Freund (zum Wachtmeister): Wissen Sie, was dieser Mörder
getan hat? Er hat falsche Antibiotika verkauft, mein Bruder
wäre um ein Haar daran gestorben!

Patrizia verfolgt die Auseinandersetzung mit wachsender Angst.
Der Blonde mustert Augusto mit wildem Blick.

Blonder: Betrüger!

Freund (zum Blonden): Genug! Sei brav.

Polizist: Still! Hört auf! Genug jetzt!

Der verzweifelte Augusto versucht erneut abzustreiten.

Augusto: Ich ein Betrüger!

Polizist: Schluß, habe ich gesagt! Laßt das. Kommt mit, wir
gehen auf die Wache.

Erst jetzt bemerkt Augusto plötzlich die Anwesenheit seiner Tochter.

Patrizia: Papa!

Er sieht sie bestürzt und beschämt an. Ohne weiter Widerstand zu
leisten, läßt er sich abführen.

Der Polizist nimmt Augusto beim Arm und zieht ihn zum Ausgang. Augusto bleibt noch einmal stehen und dreht sich zu Patrizia.

Augusto: Geh nach Hause!

Patrizia bleibt mit entsetztem Gesicht reglos stehen.

Patrizia: Papa!

Augusto wiederholt die Aufforderung in strengem Ton.

Augusto: Geh nach Hause!

Die kleine Gruppe mit Augusto geht unter dem Stimmengewirr der Umstehenden auf den Ausgang zu.

Vor dem Kino. Außen. Tag.

Augusto, der Blonde und der Polizist kommen aus dem Kino und gehen auf die andere Seite der Piazza hinüber. Ihr Auftritt erregt eine gewisse Neugierde unter der kleinen Schar, die vor dem Kino wartet. Der eine oder andere geht hinter ihnen her, um herauszufinden, was geschehen ist.

Am Kinoeingang erscheint Patrizia, die der Gruppe in gebührendem Abstand ebenfalls zum Kommissariat folgt.

(Abblende)

Vor dem Kommissariat. Außen. Abends.

Es ist Abend geworden.

Patrizia sitzt still auf einer Bank, wenige Meter vom Eingang des Kommissariats.

Augusto ist mit zwei Carabinieri auf der Schwelle erschienen, er hält die Augen gesenkt und die Hände vorne gekreuzt, unter dem Mantel verborgen. Er ist in Handschellen. Patrizia erblickt ihn, springt von ihrer Bank auf und versteckt sich hinter einem Baum, um die Szene zu verfolgen.

Die Carabinieri stoßen Augusto in den Polizeiwagen. Einer von ihnen steigt hinter Augusto ein, der andere setzt sich ans Steuer. Mechanisch läuft Patrizia ein paar Schritte hinter dem Auto her. Sie bleibt aber gleich wieder stehen und bricht in Tränen aus.

(Abblende)

Untersuchungsgefängnis. Außen. Tag.

Einige Monate sind vergangen.
Aus dem Gefängnistor tritt Augusto, gefolgt von einer Wache.
Augusto ist sichtlich gealtert. Sein Gesicht ist grau überschattet, von einer Müdigkeit, die unauslöschliche Spuren hinterlassen hat.
   Polizist (auf sizilianisch): Na, was hast du jetzt vor?
   Augusto: Ich weiß wirklich nicht. Gibst du mir eine Zigarette?
   Polizist: Aber sicher! Und mach bloß keine Dummheiten mehr, damit du nicht wieder hier reinkommst.
Der Wachtmeister bietet Augusto eine Zigarette an und gibt ihm Feuer.
   Augusto: Danke. Ciao!
   Polizist: Ciao... und viel Glück!
Langsam geht Augusto davon.
(Abblende)

Café Canova. Innen. Tag.

Es ist Zeit für den Aperitif und im Café drängen sich die Leute.
Riccardo, ein Freund von Roberto, steht an der Kasse und telephoniert.
   Riccardo (am Telephon): Was, mich entführen? Meine Mutter? Nein, nein, diese Woche bin ich nicht in Rom. Den Anwalt? Der Anwalt ist verhaftet worden! Was weiß ich! Was denn... Ach, weiß ich nicht. Schon gut, schon gut. Salve.
Augusto tritt ins Café, macht ein paar Schritte und sieht sich um, ob jemand da ist, den er kennt.
Dann tritt er an den Tresen. Der Barmann erkennt ihn und schenkt ihm ein halbes Lächeln.
   Augusto: Salve!
   Barmann: Oh, schau an, wen sieht man denn da mal wieder! Was darf es sein? Cognac?
   Augusto: Nein, einen Negroni.
   Barmann: Wo sind Sie die ganze Zeit gewesen? Auswärts?
   Augusto (ohne darauf zu antworten): Hat sich Roberto heute schon blicken lassen?
   Barmann: Wer? Der Blonde, der immer so lachte? Der kommt schon seit einer ganzen Weile nicht mehr.

Riccardo ist mit dem Telephonieren fertig. Er hat den Namen
Roberto gehört und fragt Augusto...

Riccardo: Welcher Roberto? Roberto Tucci?

Augusto: Ja.

Riccardo: Ach, der ist in Mailand.

Augusto: Seit wann?

Riccardo: Seit drei Monaten etwa.

Augusto: Was tut er denn in Mailand?

Riccardo: Ha, der hat's gut getroffen. Ich habe ihn gesehen...
in einem Aurelia Sport... ja, ja, es war ein Aurelia Sport.

Augusto (zum Barmann): Und Vargas, den Baron, hast du den
gesehen?

Barmann: Den habe ich gestern gesehen, heute noch nicht.

Augusto: Aber er kommt noch hierher, oder?

Barmann: Hhm! Seltener. Zur Kasse, bitte, den Bon holen!

Augusto nimmt das Glas und trinkt. Riccardo sieht ihn vielsagend
an, als suche er in ihm einen möglichen neuen Komplizen.
(Abblende)

Vor dem Nachtlokal. Außen. Tag.

Augusto bleibt vor dem Eingang zum Nachtlokal stehen. Um diese
Tageszeit ist niemand an der Tür. Der Vorraum ist dunkel. In den
Schaukästen im Vorraum sind Photos von Tänzerinnen und Sängern
ausgestellt.
Augusto tritt ein und geht die Treppe zum Salon hinunter.

Nachtlokal. Innen. Tag.

(Klaviermusik)
Den Klavierklängen (sehr rhythmisches Stück) folgend, geht Augu-
sto durch die dunklen Gänge zum Hauptsaal des Nachtlokals.
Der Salon ist vom Licht des großen Kronleuchters erhellt. Die ganze
Szene ist denkbar trist; die Stühle stehen auf den Tischen, es sieht
aus, als sei mitten im Reinemachen alles stehen- und liegengelassen
worden.
Auf der Bühne proben ein paar junge Mädchen in unterschiedlicher
Kleidung eine Nummer. Am Klavier sitzt der Pianist des Lokals, ein

Tanzmeister erklärt den Tänzerinnen auf deutsch irgendwelche Schritte.

> *Tanzmeister* (auf deutsch): Die Mitzi weiter in die Mitte, den Kopf stillhalten, mehr Schwung!

Augusto verharrt einen Augenblick, um die Szene zu beobachten. Er steht im Halbdunkel und niemand hat ihn bemerkt. Hinter ihm taucht eine ältere Frau auf. Es ist die Garderobenfrau, die fertig putzen will.

> *Garderobenfrau:* Wen suchen Sie? Hier können Sie nicht bleiben.
>
> *Augusto:* Ach, ich muß mit einem der Mädchen sprechen...

Der Tanzmeister ist auf Augusto aufmerksam geworden und befiehlt ihm stehenzubleiben.

> *Tanzmeister:* Halt! Wer da? Was wollen Sie?

Ertappt, tritt Augusto so gelassen wie möglich vor. Er ist wenige Schritte vom Klavier entfernt und wendet sich an den Pianisten...

> *Augusto:* Ciao, Manfredo!

... der ihn erkennt und ihm mit ernstem Gesicht grüßend zunickt.

> *Augusto* (zum Tanzmeister): Sie erlauben, nicht wahr? (wieder zum Pianisten) Entschuldige, es ist sehr dringend. Weißt du, wo ich Maggie finden kann?

Der Pianist schüttelt den Kopf.

> *Augusto:* In ihrer Wohnung hat sie keine Adresse hinterlassen... Aber sie muß noch in Rom sein...

Hier hat sie sich nicht sehen lassen?

> *Pianist:* Meinst du die kleine Blonde? Nein, die hat sich nicht mehr sehen lassen.
>
> *Augusto:* Ach...

Der Klavierspieler blickt fragend zum Tanzmeister, ob er weiterspielen soll. Der Tanzmeister nickt, der Pianist beginnt noch einmal mit dem Vorspiel zu seinem Stück. Die Tänzerinnen stellen sich in Pose und fangen auf ein Zeichen des Tanzmeisters zu tanzen an. Augusto sieht einen Augenblick zu, dann gibt er sich einen Ruck, blickt noch einmal zum Pianisten, der eine entschuldigende Gebärde macht, wie um zu sagen: Tut mir leid, ich kann dir nicht helfen. Dann wendet der Pianist den Blick von Augusto ab.

Augusto verabschiedet sich mit einer knappen Grußgeste und geht, mühsam seine Haltung bewahrend, langsam davon.

Die Tänzerinnen setzen ihre Nummer fort.

(Abblende)

Straße in Rom. Außen. Tag. (Sonnenuntergangs-Effekt)

Augusto geht langsam das Trottoir einer Straße im Zentrum entlang. Vor dem Schaufenster einer Imbißbude bleibt er stehen, blickt kurz hinein und geht auf die Eingangstür zu. Im Vorraum läuft ihm ein kleines Mädchen zwischen die Füße. Er will der Kleinen ausweichen, da erkennt er Silvana, die Tochter von Picasso.
Leicht verwundert ruft er ihren Namen...

    Augusto: Silvana!

... und hebt sofort wieder den Blick, um nach den Eltern Ausschau zu halten. Vor ihm steht Iris, die der Kleinen nachgelaufen ist. Rasch begrüßt er sie...

    Augusto: Ah!... Guten Abend.

Iris' Gesichtsausdruck ändert sich, kalt erwidert sie...

    Iris: Guten Abend.

Augusto streckt ihr die Hand hin.

    Augusto: Wie geht es Ihnen?

Iris hat sich umgedreht, um nach der Kleinen zu sehen, und nimmt sie an die Hand; möglicherweise wollte sie vermeiden, Augusto die Hand zu geben.

    Iris: Gut! (zu Silvana) Wo läufst du hin? Komm her!

Augusto ist die Kälte von Iris nicht entgangen; etwas weniger freundlich fährt er fort...

    Augusto: Ich bin heute morgen vorbeigekommen, um Ihren Mann zu besuchen... Seid ihr umgezogen?

Iris zögert kaum merklich, dann antwortet sie ausweichend, ohne ihn anzusehen...

    Iris: Ja...

    Augusto: Wo wohnt ihr jetzt?

Iris antwortet nicht sofort, so als ob sie Augusto die neue Adresse verheimlichen wollte. Jedenfalls deutet Augusto ihr Zögern auf diese Weise und setzt ärgerlich hinzu...

    Augusto: Na gut, sagen Sie Ihrem Mann, daß ich wieder da bin... Auf Wiedersehen.

Damit schickt er sich an zu gehen. Iris antwortet mit kaum verhohlener Nervosität...

    Iris: Aber ich bin nicht mehr mit meinem Mann zusammen... Tut mir leid, ich kann es ihm nicht ausrichten.

Augusto ist stehengeblieben und sieht Iris an. Einen Augenblick herrscht Schweigen; dann beugt sich Iris, um die Haltung zu wahren, über die Kleine und rückt ihr das Mützchen zurecht, während sie hinzusetzt...

Iris: Ich wohne jetzt bei meiner Mutter... Guten Abend.

Sie wendet sich zum Gehen. Augusto schließt sich ihr unverzüglich an und geht neben ihr her.

Augusto: Wohin ist er gegangen?

Ohne stehenzubleiben, antwortet sie...

Iris: Ich glaube, er ist in einem Hotel... aber er wechselt ständig... und er ist auch nicht immer in Rom.

Augusto insistiert...

Augusto: Haben Sie ihn denn nicht mehr gesehen?... Seit wann?

Iris vermeidet die ganze Zeit, ihn anzusehen.

Iris: Doch, doch, ich sehe ihn schon... Ab und zu besucht er uns...

Eine Weile gehen sie nebeneinander her, ohne zu sprechen. Augusto steckt sich eine Zigarette an. Mit einem Lächeln sagt er kurz...

Augusto: Der arme Kerl. Er hing sehr an der Kleinen...

Iris erwidert sofort mit tonloser Stimme...

Iris: An mir auch...

Augusto sieht sie verstohlen und feindselig an; er wirft das Streichholz weg und spricht in verändertem Ton weiter, bitter und aggressiv.

Augusto: Vielleicht ist es besser so. Er hat zu jung geheiratet... In seinem Alter eine Familie auf dem Hals zu haben, ist der Ruin.

Das Gesicht von Iris ist verzerrt, halblaut antwortet sie...

Iris: Für das Bißchen, mit dem ich und das Kind ausgekommen sind, hätte er nicht zu stehlen brauchen!

Auf Augustos Gesicht erscheint ein harter, bitterer Ausdruck. Iris ist sehr bewegt, fast erschrocken über das, was sie gesagt hat. Fast unmittelbar fügt sie mit veränderter, leicht zitternder Stimme hinzu...

Iris: Wenn er uns wirklich lieb hat, wird er sich ändern...

Augusto wird immer bitterer, härter und aggressiver. Er lächelt höhnisch.

Augusto: Ach, man kehrt nicht um, wissen Sie... Ein Mann, der sich ans Alleinsein gewöhnt hat, geht nie mehr zurück. Wenn Ihnen etwas daran liegt, holen Sie ihn besser schnell zurück, so wie er ist. Die Freiheit ist viel zu schön... Nur an sich selbst denken zu müssen... Wenn man diesen Schritt einmal getan hat, kann man nicht mehr zurück, glauben Sie mir, selbst wenn man will...

Irist hat ihn mit Entsetzen in den Augen angestarrt; sie ist zutiefst verstört, und ihre Verstörtheit äußert sich in einer ziellosen, beinahe krankhaften Nervosität. Hektisch redet sie auf die Kleine ein.

Iris: Siehst du nicht, daß dein Schuh offen ist? Du verlierst die Schuhe und sagst keinen Ton?

Sie bleibt stehen, nimmt die Kleine hoch und setzt sie auf das Mäuerchen eines Gitterzauns, bindet ihr den Schuh, bindet den anderen auf und wieder zu, mit zitternden Händen, während sie mit unangemessener Heftigkeit weiter auf die Kleine einredet.

Iris: Sag: Mama, mein Schuh ist offen... Ist das so schwer?... Hast du die Sprache verloren? Was wird die Großmutter sagen, wenn du ohne den Schuh heimkommst?... Aber nein, sie sagt kein Wort und verliert lieber die Schuhe.

Dann wendet sie sich fast übergangslos wieder an Augusto, mit derselben hektischen Aufgeregtheit, und kramt dabei mit bebenden Fingern in ihrer Handtasche, um eine Zigarette hervorzuholen, die sie sich anzündet.

Iris: Ich fange nicht wieder so an wie vorher. Das bringe ich nicht fertig... Wenn es so ist, dann soll er lieber seine eigenen Wege gehen...

Ihre Stimme zittert immer deutlicher. Sie ist den Tränen nahe und spricht immer aggressiver und verzweifelter.

Iris: Früher war er nicht so... Erst als er anfing, mit euch zu gehen, hat er sich verändert... Ihr seid es gewesen...

Augusto fällt ihr spöttisch und gehässig ins Wort.

Augusto: Wer hat es denn von ihm verlangt? Ich bitte Sie!

Iris spricht weiter, als hätte Augusto nichts gesagt.

Iris: Na schön, soll er doch seine eigenen Wege gehen... Für das Kind werde ich schon sorgen... Wissen Sie, daß ich fast verrückt geworden bin? Es geht doch nicht allein um mich, das Kind ist ja auch noch da. Nächtelang bin ich wach gelegen und habe geraucht wie eine Verrückte... Ich konnte mich nicht mehr auf den Beinen halten, der Arzt sagte, ich würde noch im Krankenhaus enden...

Sie merkt, daß sie sich die Zigarette angezündet hat, nimmt sie aus dem Mund und wirft sie auf den Boden, tritt sie aus und spricht weiter.

Iris: Herrje ... dann bleiben wir eben allein ...

Sie nimmt das Kind auf den Arm und stellt es wieder auf den Boden. Mit verzerrtem Gesicht, immer bitterer und gehässiger, fährt Augusto sie an ...

Augusto: Wenn Ihr Mann Geld nach Hause gebracht hätte, wäre alles in bester Ordnung gewesen ... Wenn die Männer Geld machen, laßt ihr sie nicht sitzen ... Wir sind Ganoven, ja ... aber sind wir die einzigen, die sich arrangieren? ... Alle arrangieren sich irgendwie ... Und je ernsthafter einer stiehlt, desto mehr hängen die Weiber an ihm ... und die Ehefrau läßt ihn nicht sitzen, keine Sorge.

Iris unterbricht ihn tief betroffen und immer noch aggressiv, aber sehr schlicht ...

Iris: Da sieht man, daß diese Frauen nur auf ihren Vorteil bedacht sind, sie lieben nicht ...

Augusto wird für einen Augenblick unsicher, aber dann fährt er umso bitterer fort ...

Augusto: Das glaube ich nicht ... Ja, diese Geschichte habe ich auch schon gehört, aber ich glaube nicht daran ... In meinem Alter weiß man genau, was das einzige ist, das zählt ...

Er sieht ihr ins Gesicht und stößt hervor ...

Augusto: Das Geld ... Alles andere ist Unsinn ... Geld allein zählt ... Geld ist alles!

Ohne es selbst zu merken, wirkt Augusto jetzt beinahe ergriffen und spricht mit einer Art verzweifeltem Pathos.

Augusto: Wenn du Geld hast, bist du schön, bist du intelligent, anständig und geachtet. Du kannst alles haben: Freiheit, Familie, ein Haus ... alles! Wer Geld hat, bekommt immer noch mehr, aber wer keins hat, ist ein armer Teufel ... er kommt nie zu etwas ... das Geld scheut die armen Teufel ... und wenn du kein Geld hast, ist alles aus ... Du bist nichts ... nichts und wieder nichts.

Er hält einen Augenblick inne, mit blitzenden Augen, dann fügt er hinzu, mehr zu sich selbst ...

Augusto: Geld ist schön ... Geld ist alles ...

Er wendet sich halb zu Iris, wirft ihr einen letzten, feindseligen Blick zu, sagt brüsk ...

Augusto: Auf Wiedersehen.

... und geht davon. Iris sieht ihm nach.

(Abblende)

Ländliche Gegend. Außen. Tag.

Eine Straße in einer hügeligen, fast unbewohnten Gegend. Die schwarze Limousine, die wir schon am Anfang des Films gesehen haben, fährt – eine leichte Staubwolke aufwirbelnd – die Straße entlang.
Im Auto sitzen: Riccardo in Chauffeuruniform, Augusto als Monsignore, sowie zwei als Priester verkleidete Komplizen.

Alleinstehendes Bauernhaus. Außen. Tag.

Das Auto hält auf dem Vorplatz eines Bauernhofs. Der Fahrer steigt aus, gefolgt von dem älteren Priester, der die Rolle des Sekretärs übernommen hat. Aus einer Tür des Bauernhauses tritt ein alter Mann, der den Ankommenden entgegensieht.
Der Sekretär zieht den Hut und grüßt den Alten.
  Sekretär: Guten Tag!
  Alter: Guten Tag!
  Sekretär: Sind Sie Paolo Gozzesi?
  Alter: Ja, der Herr.
Der Sekretär wendet sich an Augusto, der gerade aus dem Auto steigt.
  Sekretär: Er ist es, Monsignore. (dann zum Alten) Wir müssen Sie in einer sehr wichtigen Angelegenheit sprechen.
(Abblende)

Ländliche Gegend. Außen. Tag.

Wenige Schritte von einem verfallenen, alten Haus mitten auf den Feldern spielt sich die übliche Szene der Schatzsuche ab. Der Fahrer ist hemdsärmelig in die Grube gestiegen und schaufelt die Erde hinaus. Am Grubenrand stehen erwartungsvoll der Alte, der Sekretär und einer der anderen Komplizen, ein dunkelhaariger junger Bursche, der dem Fahrer beim Graben hilft.
  Fahrer: Ooh, ein Knochen, da ist ein Knochen!
  Junger Priester: Monsignore, ein Knochen!
  Fahrer: Und da ist auch ein Totenkopf, sehen Sie!
Augusto nähert sich der Grube.

Im Bauernhof. Innen. Tag.

Im Halbdunkel der großen Bauernküche schleppt sich eine menschliche Gestalt mühsam vorwärts, mit Hilfe von zwei Holzkrücken, die rhythmisch auf den Steinboden klopfen.
Die Tür, die auf den Hof führt, öffnet sich, und im Licht, das hereinfällt, sehen wir, daß die Leidende ein sehr bleiches junges Mädchen ist.
In dem Augenblick, als die Tür sich öffnete, ist das Mädchen stehengeblieben, als schäme sie sich, ertappt zu werden. Sie lächelt den hereinkommenden Männern entschuldigend, aber ruhig und freundlich zu.
Augusto, dessen Augen von der grellen Sonne auf den Feldern noch geblendet sind, macht der Anblick des Mädchens ein wenig betroffen.
Der Fahrer und der Sekretär treten nach kurzem Zögern an den Tisch – einer mit dem Topf, in dem sich der Schatz befindet, der andere mit den in ein Tuch geknüpften Gebeinen – und setzen beide ihre Last ab.

> *Fahrer* (beim Hereinkommen): Donnerwetter, ist das schwer, helfen Sie mir doch, oh! Jetzt wäre eine schöne Tasse Kaffee recht.
> *Sekretär* (zum Mädchen): Guten Tag! (dann zum Fahrer) Oh ja, wirklich!

Der alte Bauer geht auf das Mädchen zu.

> *Alter:* Aber was machst du denn hier? Geh rüber! (dann zu Augusto) Entschuldigen Sie, Monsignore, das ist meine jüngste Tochter.

Augusto antwortet mit einem verlegenen Lächeln.
Der Aufforderung des Vaters folgend, schleppt sich das Mädchen zu einer Seitentür und verläßt den Raum.
Der Fahrer hat begonnen, im Topf zu kramen und die üblichen falschen Wertgegenstände daraus hervorzuholen, die er auf dem Tisch ausbreitet. Der Sekretär, der ein Papier studiert, blickt auf, wendet sich mit einem scheinheiligen Lächeln zu Augusto und tut erstaunt...

> *Sekretär:* Monsignore... sehen Sie nur... das ist ja ein richtiger Schatz!
> *Fahrer* (seufzt anerkennend): Sieht aus wie die Banca d'Italia!

Augusto bringt sie mit einer knappen Geste zum Schweigen. Die

beiden Helfershelfer nehmen eine respektvoll abwartende Haltung
ein.
Augusto geht im Zimmer auf und ab und leiert müde den üblichen
Sermon herunter. Der Alte besieht sich die Gegenstände auf dem
Tisch. Kleine Pause.

> *Augusto:* Wie gesagt... der Schatz gehört Ihnen. Der Verstor-
> bene hat diesbezüglich genaue Anweisungen hinterlassen...
> Aber vor allem sollt ihr eines nie vergessen: ihr dürft kein
> Sterbenswörtchen davon sagen, zu niemandem. Es handelt sich
> um Mord.

Hinter ihm steht der Sekretär am Tisch und spricht leise mit dem
Alten. Wir hören ihr Geflüster.
Augusto steht am Fenster.
Er schließt die Augen.
Nach wenigen Sekunden schreckt ihn die Stimme des Sekretärs auf.

> *Sekretär:* Monsignore!

Augusto fährt herum.

> *Sekretär:* Es gibt da eine kleine Schwierigkeit... Der Signore
> hat den vollen Betrag für die Messen nicht... Er hätte ledig-
> lich... (zum Alten) Wieviel haben Sie?
> *Alter:* Dreihundertfünfzigtausend Lire.
> *Sekretär:* Dreihundertfünfzigtausend Lire. Was machen wir
> nun?

Augusto schlägt einen verärgerten Ton an.

> *Augusto:* Das macht doch nichts! Wir sind schließlich keine
> Händler! Geben Sie, was Sie haben, den Rest bringen Sie später.
> Ich werde es Seiner Eminenz schon erklären.
> *Alter:* Wissen Sie, dieses Geld hab ich mir beiseite gelegt, denn
> morgen wollte ich auf den Markt gehen und einen Ochsen
> kaufen, der mir bei der Arbeit sehr nützen würde. Ich muß
> sehen, daß ich etwas beiseite legen kann, verstehen Sie? Nicht
> für mich selbst, aber für die beiden Mädchen. Die eine arbeitet
> wie ein Mann, aber die andere, das arme Ding, ist gelähmt, und
> wenn ich einmal tot bin, wer sorgt dann für sie?
> *Sekretär:* Nicht doch! Ihr seid ungerecht, so dürft Ihr nicht
> reden! Gott läßt keinen im Stich. Seht doch, welchen Segen er
> Euch gesandt hat. Einen Schatz! (zu Augusto) Ist es nicht so,
> Monsignore?

Der Fahrer, der am Tisch steht, hält ein paar Schmuckstücke in der
Hand.

Fahrer (grinsend): Aber sicher! So ein armer Teufel wie dieser Bauer wäre ich auch gerne, nicht?

Augusto: Der Herr verläßt die Seinen nicht. Habt Ihr das Geld da?

Alter: Ja, ich hab's bei mir. Bittesehr.

Er zieht ein Bündel Zehntausendlirescheine aus der Tasche und reicht sie dem Sekretär.

Der Sekretär nimmt das Geld, während alle stumm, mit größter Spannung zusehen.

Sekretär (zu Augusto): Hier, Monsignore!

Augusto greift sich das Bündel Scheine. Der junge Priester mischt sich in ehrerbietigem Ton ein.

Junger Priester: Es wird spät, Monsignore. Um fünf erwartet uns Seine Eminenz.

Sekretär: Ja, ja, stimmt, wir müssen weg. (zum Alten) Entschuldigt uns. Alles Gute.

Augusto nähert sich der Tür, gefolgt von den anderen beiden und dem Alten. Er tritt gerade auf den Hof hinaus, als auf der Schwelle einer anderen Tür die Mutter des Mädchens erscheint und auf ihn zugeht.

Mutter: Monsignore! Monsignore! Entschuldigen Sie. Tun Sie mir einen Gefallen. Sprechen Sie ein paar Worte mit meiner Tochter!

Augusto: Aber... das geht nicht, ich...

Mutter: Seien Sie so gut, Monsignore. Nur ein paar Worte.

Augusto wendet sich an die drei Komplizen.

Augusto: Wartet einen Augenblick.

Mutter: Danke, vielen Dank! Aber sagen Sie ihr nicht, daß ich Sie darum gebeten habe.

Augusto und die Mutter gehen zusammen in den rückwärtigen Teil des Hofs.

Das Mädchen sitzt vor einer Mauer auf einem Stuhl. Augusto und die Mutter sind inzwischen bei ihr angelangt.

Mutter (zur Tochter): Guck mal, der Monsignore möchte dir guten Tag sagen. (zu Augusto) Ich hole einen Stuhl, Monsignore.

Augusto: Nein, nein, ich gehe gleich wieder.

Das Mädchen macht Anstalten aufzustehen, aber Augusto hält sie mit einer Geste davon ab.

Augusto: Nein, nein, bleib sitzen!

Augusto wendet sich ihr zu. Die herzliche Ausstrahlung der jungen Gelähmten hilft ihm, sein Unbehagen zu überwinden.

Augusto: Wie heißt du?

Susanna: Susanna.

Dann tritt Schweigen ein. Augusto weiß nicht, was er noch sagen soll. Schließlich fängt er wieder an...

Augusto: Du mußt auf Gott vertrauen, weißt du, mein Töchterchen. Ich verstehe, daß es für dich schrecklich ist, aber du mußt dich Seinem Willen fügen. Die Erde ist ein Jammertal, und jeder muß sein Kreuz tragen.

Das Mädchen hat den nichtssagenden Ton dieser Phrasen gar nicht bemerkt. Für sie sind es keine leeren Worte.

Susanna (lächelt): Ich weiß, und ich beklage mich auch nicht.

Sie blickt zu Boden und fährt ernst fort...

Susanna: Es ist nur wegen ihnen.

Augusto sieht sie verwundert an.

Augusto: Was heißt das, wegen »ihnen«?

Susanna: Wenn ich meiner Familie nicht so zur Last fallen würde, mir selbst würde es gar nichts ausmachen.

Augusto: Wie denn, in deiner Lage machst du dir Sorgen um die anderen?

Die Mutter, die zurückgekommen ist, stellt sich neben Susanna.

Mutter (gerührt): Immer denkt sie solche Dinge, Monsignore. Sie glaubt immer, uns zur Last zu fallen. Meine Tochter! Warum sagst du das nur? Es stimmt auch gar nicht, Monsignore, sie arbeitet immer. Sie kann besser rechnen als eine Lehrerin. Und dann ihre Stickereien: sehen Sie nur, wie gut sie das macht!

Die Mutter beugt sich hinab und greift nach der Stickerei, an der das Mädchen arbeitet. Bescheiden versucht Susanna, sie davon abzuhalten.

Mutter: Laß mich. Zeig es dem Monsignore. Sehen Sie nur, was für eine schöne Stickerei!

Die Mutter reicht Augusto den Stickrahmen. Verlegen nimmt er ihn in die Hand.

Augusto (zögernd, zur Mutter): Aber... war sie denn immer so?

Mutter: Nein, Monsignore, sie ist mit neun Jahren so geworden, es ist Kinderlähmung.

Die Mutter beugt sich erneut über das gelähmte Mädchen, küßt sie aufs Haar und geht dann weinend und schluchzend ein paar Schritte weg.

Susanna: Mama, Mama, geh doch!

Die Mutter kehrt ins Haus zurück.

Augusto: Wie alt bist du?

Susanna (lächelnd): Achtzehn.

Die heitere und klaglose Ergebenheit des jungen Mädchens rührt Augusto.

Augusto (wie zu sich selbst): Neun Jahre!

Susanna: Oh, aber ich habe es gut hier, wissen Sie. Ich sitze da mit meiner Stickerei, höre Musik... Ich lebe wie eine Königin...

Susanna wirft den Kopf zurück, lacht belustigt und fährt dann, über die Felder deutend, fort...

Susanna: Meine Schwester, ja, die hat ein hartes Leben. Seit heute morgen um vier arbeitet sie dort auf dem Feld.

Augusto (fast verwirrt): Aber möchtest du denn nicht gesund werden?

Das Mädchen zuckt leicht zusammen. Ihre Augen blicken forschend in die von Augusto, als suche sie darin den Grund für diese Frage.

Susanna: Ach... das ist unmöglich. Nein, nein... da müßte schon ein Wunder geschehen.

Augusto: Manchmal geschehen Wunder.

Susanna: Oh ja, ich weiß!

Augusto: Glaubst du daran?

Susanna (lachend): Doch, ja, ich glaube daran!

Augusto: Warum?

Susanna wird plötzlich ernst und fährt selbstvergessen fort...

Susanna: Mein Unglück hat mich zu Gott geführt. Ich bin immer glücklich, auch wenn es mir furchtbar schlecht geht.

Sie bricht in Tränen aus, dann blickt sie von neuem lächelnd zu Augusto auf, der ihr zögernd, mit unbehaglicher Miene die Handarbeit zurückgibt.

Augusto: Sehr schön, diese Stickerei.

Dann wendet er sich abrupt zum Gehen.

Susanna (bekümmert): Gehen Sie, Monsignore?

Augusto: Ich muß jetzt gehen. Ich muß weg.

In aufrichtigem Ton, so als sei ihm die schmerzliche Wahrheit des Gesprächs, in das er verwickelt wurde, sehr nahe gegangen, fährt er fort...

Augusto: Du brauchst mich nicht. Du bist viel besser dran als viele andere. In unserem Leben... im Leben von vielen, die ich kenne, gibt es nichts Schönes. Du versäumst nicht viel, du brauchst mich nicht, ich kann dir nichts geben.
Augusto entfernt sich. Susanna hebt ihre Krücken auf.
Susanna (weinend): Nein, Monsignore, warten Sie, gehen Sie nicht weg!
Sie holt ihn ein, nimmt seine Hand und beugt sich schluchzend darüber, um sie küssen.
Susanna: Beten Sie für mich! Beten Sie für mich!
Verwirrt und ärgerlich über Susannas schmerzliche Geste der Ergebenheit zieht Augusto schroff seine Hand zurück...
Augusto: Laß das!
... und geht davon.

Landstraße. Außen. Tag.

Die schwarze Limousine fährt rasch die Straße entlang, die sich durch eine einsame, wilde Landschaft windet.

Im Auto. Tag.

Im Wageninnern beobachtet Augusto mit angespanntem Gesicht und leicht angewidert seinen Komplizen, der neben ihm schläft. (Überblendung)

Landstraße. Außen. Tag.

Der 500er von Vargas steht wartend am Straßenrand. Die Umgebung wirkt rauh und verlassen.
Nach dem Tal hin fällt eine steinige Böschung ab.
Die schwarze Limousine kommt angefahren und hält hinter dem 500er.
Vargas geht auf das Auto zu und schiebt dabei seine Zeitung in die Jackentasche.
Der junge Bursche in Chauffeuruniform öffnet die Vordertür und steigt aus.

Fahrer: Hättest das Loch ja noch tiefer machen können, heute morgen. Ich bin ordentlich ins Schwitzen gekommen, sag ich dir...

Vargas öffnet die hintere Wagentür.

Vargas: Na? Wie ist es gegangen?

Durch die Tür, die Vargas geöffnet hat, steigt der Sekretär aus. Augusto öffnet die Tür auf der anderen Seite und schlüpft schweigend heraus.

Sekretär: Dreihundertfünfzigtausend. Hätte besser sein können. Aber mehr als das hatte er nicht im Haus, und wir haben es vorgezogen, uns aus dem Staub zu machen.

Vargas: Das habt ihr gut gemacht. Aber ich habe euch zu dieser Zeit noch gar nicht erwartet.

Augusto hat sich hinter das Auto verzogen und nimmt rasch das Kreuz und die rote Schärpe ab. Sein Gesicht ist angespannt, barsch fragt er die beiden anderen...

Augusto: Wer hat die Schlüssel?

Sekretär (auf den Fahrer deutend): Die hat er. (zum Fahrer) Gib ihm die Schlüssel.

Der Fahrer zieht, eine kleine Melodie pfeifend, die Autoschlüssel aus der Tasche und wirft sie Augusto zu.

Sekretär: Was ist das für ein Lied?

Fahrer: Die Menga-Symphonie.

Augusto öffnet den Kofferraum, wirft das Kreuz, den Hut und die Schärpe hinein und zieht sich mit hastigen Bewegungen und verkrampftem Gesicht die Soutane aus.

Der Sekretär geht ebenfalls zum Kofferraum, um sein Priestergewand hineinzulegen.

Sekretär: Wo ist die Cognacflasche geblieben?

Fahrer (off): Den Cognac hab ich getrunken. Ich hab so geschwitzt, daß ich mir fast eine Lungenentzündung geholt hätte.

Der Sekretär nimmt Hut und Mantel aus dem Kofferraum und zieht beides an.

Im Hintergrund schüttelt der dunkelhaarige junge Priester, nun wieder in Zivil, seine Beine aus und deutet ein paar Boxschläge an.

Sekretär: Schon seit heute morgen tut es mir hier weh. Meiner Frau habe ich es auch gesagt. Du arbeitest zu viel, hat sie gemeint. Und recht hat sie.

Fahrer (off): Antonio, wo ist die Wasserflasche? Ah, da ist sie ja!

Vargas (zum Fahrer): Was willst du denn mit der Flasche?

Der Fahrer gießt Wasser aus der Flasche in den Kühler.

Fahrer: Was ich damit will? Ich fülle Wasser nach. Den ganzen Berg hinauf mußte ich im zweiten fahren. Mit dem Karren wirst du noch was erleben, wenn du dich nicht bald entschließt, ihn zu verschrotten.

Vargas: Und das Geld, wer hat das?

Sekretär: Augusto. Augusto hat es genommen.

Augusto, der dabei ist, seine Krawatte zu knoten, hält einen Augenblick zögernd inne, dann sagt er plötzlich mit finsterer Miene und dumpfer Stimme...

Augusto: Was seid ihr doch für ein Haufen Dreckskerle... Ich habe das Geld nicht, ich habe es nicht mitgenommen.

Die Komplizen stehen alle wie vom Donner gerührt da und starren ihn stumm und verständnislos an.

Augusto: Wie hätte ich es nehmen können? Ihr Herzlosen, ihr wärt wohl sogar imstande, eure eigene Mutter zu bestehlen?

Der junge Dunkelhaarige ruft aus dem Hintergrund...

Junger Bursche: Hoho, was sagst du da!

Augusto (zu Vargas): Ich konnte nicht, Vargas, ich habe nicht den Mut gehabt, wirklich. So ein armer alter Kerl mit einer gelähmten Tochter. Rackert sich ab, damit sie nicht ins Heim kommt...

Vargas fällt ihm schroff ins Wort...

Vargas: Augusto, mach dich nicht lächerlich. (zum Fahrer) Was redet der für Zeug daher?

Sekretär: Augusto, ich habe selbst gesehen, wie du es genommen hast!

Stimme von Augusto (off): Ich habe es eben zurückgegeben.

Junger Bursche: Und wann hast du's zurückgegeben?

Augusto (mit erhobener Stimme): Ich habe es zurückgegeben, verstanden?

Augusto zieht sich die Jacke über und nimmt unter den drohenden Blicken der Komplizen seinen Hut und seinen Mantel aus dem Kofferraum.

Vargas geht bedächtig auf Augusto zu und sagt in hinterhältigem, unheilvollem Ton...

Vargas: Augusto... du bist doch der größte Heuchler, den ich je gesehen habe. Du hast dreihundertfünfzigtausend Lire in den Fingern gehabt und läßt sie dir entgehen, ausgerechnet du?!

Augustos Blick begegnet dem von Vargas.

In aufrichtigem Ton sagt Augusto kurz...

Augusto: Habe ich dich je reingelegt? (dann, nach kurzem Schweigen, achselzuckend) Ich sage dir doch, ich konnte nicht.

Er sieht, daß der Sekretär das Priestergewand aus dem Kofferraum genommen hat und abtastet.

Augusto (aggressiv): Nutzlos, da nachzuschauen. Es ist nicht drin.

Sekretär: Wir wollen doch sehen, ob ich es nicht finde, dieses Geld.

Augusto: Ihr wart alle schon im Auto, aber ich habe mit dem Mädchen gesprochen. Die Unglückliche ist seit neun Jahren an den Stuhl gefesselt und weiß, daß sie nie wieder gesund werden kann. Sieht dir unverwandt in die Augen, küßt dir die Hand, sagt, du sollst für sie beten. Ich möchte mal sehen, was ihr da getan hättet, sofern ihr Männer seid! Ich habe selbst eine Tochter, und ich habe es nicht über mich gebracht.

Vargas: Alles vergebens! Die ganze Mühe, das Risiko im Knast zu landen!... Du bist wohl verrückt geworden?!

Augusto (off): Darf ich nicht auch ein Gewissen haben?

Vargas: Das wäre ja etwas ganz Neues! (Pause) Ist es wirklich wahr?

Augusto: Ich schwör's dir. Fahren wir!

Augusto macht Miene, ins Auto zu steigen, aber der junge Bursche packt ihn grob und hält ihn fest.

Junger Bursche: Einen Moment mal! Alle voller Vertrauen, alle gute Freunde, lauter schöne Reden, ich bin ganz gerührt... aber ich glaube nicht daran! Laß mich mal sehen!

Und er packt Augusto, um ihn abzutasten. Augusto stößt seine Hand heftig zurück und entzieht sich der Umklammerung.

Augusto: Laß mich los! Faß mich ja nicht an, verstanden?

Der Fahrer hakt sich bei Augusto unter und sagt mit falscher Freundlichkeit...

Fahrer: Aber Augusto, was du nicht sagst. Komm doch, Augusto, ich war auch dabei, erinnerst du dich nicht? Ich stand neben dir. Ich habe gesehen, wie du es genommen hast. Du willst wohl Spaß mit uns machen? Bitteschön, den hast du gehabt, aber jetzt reicht es, entschuldige!

Augusto: Aber ich habe das Geld nicht!

Der junge Bursche stürzt sich von hinten auf Augusto und hält ihn an den Armen fest, so daß er sich nicht wehren kann.

Vargas (aus dem Off): Durchsucht ihn!

Augusto versucht sich zu befreien.

Augusto: Ich habe es nicht!

Fahrer: Wenn du's nicht hast, dann kann es dir ja egal sein, laß uns nachsehen.

Augusto: Laßt mich in Ruhe!

Er versetzt dem Fahrer einen Stoß. Der Fahrer fällt und rollt über den Boden.

Fahrer: Aua, du hast mir wehgetan, da, am Ellenbogen, hol dich der Teufel! (zu den anderen) Er hat das Geld, er hat es bei sich, bestimmt!

Augusto, keuchend und mit herausforderndem Blick...

Augusto: Los, fahren wir! Ihr könnt mir keine Angst einjagen!

Vargas: Du bist gut! Glaubst du, du kommst so davon?

Augusto bückt sich, um den Hut aufzuheben, und im selben Augenblick wirft sich der junge Bursche erneut auf ihn. Zwischen den beiden kommt es zu einer wilden Rauferei. Der Junge schlägt immer wieder brutal auf Augusto ein.

Stimmen (aus dem Off): Ein schöner Lump bist du! Gib's ihm! Schlag ihm den Schädel ein!

Vargas (außer sich vor Wut): Du elender Mistkerl! Du glaubst, du kannst mich bescheißen? Auf den Knien wirst du mir das Geld bringen, zwischen den Zähnen!

Augusto schafft es, sich aus der Umklammerung zu befreien und stürzt davon, die Straße entlang. Vargas schleudert einen Stein hinter ihm her, der knapp an ihm vorbeifliegt, ohne ihn zu treffen.

Vargas: Ich bring dich um! Ich bring dich um!

Plötzlich biegt Augusto von der Straße ab und rennt den steinigen Abhang hinab.

Die drei verfolgen ihn, Vargas ein Stück hinter den anderen. Ab und zu bleiben sie kurz stehen, um Steine aufzuheben und Augusto nachzuwerfen.

Augusto läuft in großen Sätzen die Böschung abwärts. Auch er hält hin und wieder an, um den Steinhagel zu erwidern. Ein Stein trifft ihn an der Stirn. Mit einem erstickten Schrei fällt Augusto zu Boden und schlägt mit dem Rücken gegen einen Felsen.

Augusto liegt leise stöhnend auf dem Boden, fast ohne sich zu bewegen, aber es ist kein Blut an ihm zu sehen.

Augusto: Mein Rücken... Mein Rücken...

Einen Augenblick später sind der Fahrer und der junge Bursche keuchend bei ihm angelangt und fangen sofort an, ihn zu durchsuchen.

Augusto: Hört auf! Nicht! Mein Rücken, mein Rücken!

Unterdessen kommen auch Vargas und der Sekretär eilig die Böschung herabgelaufen.

Der junge Bursche stößt einen leisen, triumphierenden Schrei aus. Seine Hand zieht ein dickes Bündel Scheine aus einem von Augustos Schuhen.

Junger Bursche: Da ist es! Im Schuh hat er's gehabt! Der feige Hund!

Eine kleine Weile hört man nichts als das Keuchen der Männer und Augustos Stöhnen.

Augusto versucht noch, das Geld festzuhalten.

Augusto (mit erstickter Stimme): Es gehört mir, ich brauche es, laß es los!

Die beiden durchsuchen Augusto weiter. Der Fahrer ruft Vargas entgegen...

Fahrer: Er hat es! Er hat alles bei sich.

Der Sekretär kommt hinzu und bleibt wenige Schritte vor Augusto stehen.

Sekretär (außer Atem): Wo ist das Geld? Wo ist es?

Der Fahrer gibt ihm das Bündel Scheine, das er bei Augusto gefunden hat.

Fahrer: Da ist es. Zähl nach!

Der Sekretär nimmt das Geld...

Sekretär (auf Augusto spuckend): Verfluchter Kerl!

... und zeigt es Vargas, der inzwischen hinzugekommen ist.

Sekretär: Da ist es. (zu Augusto) Elender Feigling!

Vargas nimmt das Geld aus der Hand des Sekretärs und des jungen Burschen, wirft einen wütenden, verachtungsvollen Blick auf Augusto und preßt hervor...

Vargas: Das gelähmte Mädchen! Das gelähmte Mädchen!

Dann, wie von rasendem Zorn hingerissen, versetzt er dem auf dem Boden liegenden Augusto einen ersten, heftigen Fußtritt. Augusto stößt einen Schrei aus. Der andere tritt noch zwei-, dreimal wütend mit dem Fuß nach ihm.

Vargas: Du hast zum letzten Mal mit mir gearbeitet... In ganz Rom wirst du mit keinem mehr arbeiten! (dreht sich zu den anderen um) Beinahe hätte er mich überzeugt, beinahe... Dieser Halunke!

Augusto stößt einen tiefen, heiseren Seufzer aus und bleibt stumm, mit weit offenen Augen und verzerrtem Mund liegen. Vargas wendet sich zum Gehen und sagt zu den anderen...

Vargas: Kommt, gehen wir... Laßt ihn liegen, soll er sehen, wie er zurechtkommt. (dreht sich noch einmal zu Augusto um und ruft) In Rom gebe ich dir den Rest... Widerling!

Augusto wendet langsam den Kopf zu den drei Männern und sieht sie mit blankem Entsetzen in den Augen an. Mit erstickter Stimme sagt er...

Augusto: Vargas... Mir geht's schlecht...

Vargas: Verschwinde! (zu den anderen) Los, kommt.

Und Vargas beginnt den Hang hinaufzusteigen.

Der Sekretär und der Dunkelhaarige folgen ihm, während der Fahrer noch neben Augusto stehenbleibt und hämisch zu ihm sagt...

Fahrer: Siehst du, was für Freunde du hast? Lassen dich hier zur Sommerfrische!

Vargas (während er die Böschung hinaufsteigt, zu Augusto): Da hast du einen schönen Scheiß gemacht. Den größten Scheiß deines Lebens!

Augusto: Vargas, Vargas... Mir geht es schlecht! Bringt mich nach Hause!

Fahrer: Du machst uns nichts mehr vor! Du nicht!

Und auch der Fahrer macht sich auf den Weg zur Straße hinauf. Augusto bleibt allein liegen.

Sein Gesicht ist schweißüberströmt; er versucht noch einmal zu rufen, aber er bringt nur einen schwachen, erstickten Laut hervor.

Augusto: Vargas! Vargas!... Laß mich nicht hier liegen! Ich hab mir wehgetan, ich hab mir wirklich wehgetan... ich kann mich nicht mehr bewegen!

Keiner antwortet ihm.

Mit verzweifelter Anstrengung richtet sich Augusto ein Stück auf, um den anderen nachzurufen, aber mit einem Stöhnen und einer Grimasse sinkt er wieder zurück.

So bleibt er am Boden liegen, schwer atmend und verzweifelt; noch einmal hebt er den Kopf und ruft dem Fahrer mit tonloser, erstickter Stimme nach...

Augusto: Riccardo! Riccardo, hör doch, du bist mein Freund...

Fahrer: Aber sicher!

Augusto: Laß mich nicht so liegen! Du bist jung... Du kannst von mir lernen... du kannst... (verzieht vor Schmerz das Gesicht) du kannst viel von mir lernen!

Stimme des Fahrers (off): Was kann ich von dir schon lernen? Ein Schweinehund zu werden wie du?

Augusto: Ich habe Geld versteckt... wir teilen es uns, nur laß mich nicht hier liegen! Vargas!... Ich weiß, daß ihr da oben seid... Was habt ihr vor? Wollt ihr mir Angst machen? Jetzt ist es genug! (schreit laut) Vargas! Vargas!

In der Stille hört man plötzlich einen Motor anspringen und dann das Geräusch eines davonfahrenden Autos.

Augusto horcht mit verzweifelter Anspannung. Dann hört man einen zweiten Motor, auch das andere Auto fährt davon. Das Brummen der beiden Autos entfernt sich.

Augusto (ruft): Vargas! Vargas!

Keuchend richtet Augusto sich halb auf und versucht mit verzweifelter Anstrengung, noch einmal zu rufen.

Ein dumpfes Stöhnen entringt sich seiner Kehle, seine Augen trüben sich, und er fällt bewußtlos zurück.

(Überblendung)

Augusto kommt langsam wieder zu sich. Er schlägt die Augen auf und blickt fast erstaunt um sich, so als habe er vergessen, wo er sich befindet und warum.

Die Sonne scheint noch warm, obwohl sie sich bereits den Berggipfeln nähert. Augustos Gesicht ist schweißnaß. Vielleicht ohne es zu merken, murmelt er wie zur eigenen Beruhigung leise vor sich hin.

Augusto: Natürlich kommen sie zurück... Und wenn ich sterbe? Nein, so kann ich nicht sterben! Und (ein stechender Schmerz durchzuckt ihn) wenn ich sterbe?

Von wachsender Angst gepackt keucht er...

Augusto: Hilfe! Hilfe!

Seine Augen schweifen ins Leere, zur Sonne, die eben untergehen will, zu den violetten Bergen, zum Himmel hinauf, der vom Sonnenuntergang erleuchtet ist.

Augusto: Ich habe gewußt, daß es so kommt... Ich habe es immer gewußt... Und wenn ich es doch irgendwie schaffe... ich habe niemanden zu unterhalten... darum muß ich auch sterben...

Nun ist es Nacht. Plötzlich hört man das Brummen eines Autos, das oben die Straße hinauffährt.
Augusto bemerkt das Geräusch nicht sofort, aber als es lauter und deutlicher wird, zuckt er zusammen.
Seine Augen beleben sich wieder, er hebt den Kopf und horcht gespannt. Das Motorengeräusch, offenbar von einem Lastwagen, kommt näher.
Augusto reckt sich noch ein wenig höher, wendet den Blick hinauf zur Straße, die nicht zu sehen ist.
Der Lastwagen fährt dicht über ihm vorbei und verschwindet in der Ferne.
Augusto: Vargas... Ach... ich kann mich nicht erinnern...
Mit einer unendlich mutlosen Geste läßt Augusto den Kopf wieder auf die Erde sinken.
Augusto (weinend): Oh Patrizia, meine Kleine!

Der Morgen dämmert herauf. Ringsum der diffuse Schein der aufgehenden Sonne. Augusto liegt reglos am Boden.
Dann macht er eine kleine Bewegung, richtet sich ein Stück auf und dreht sich unter ungeheurer Anstrengung auf den Bauch. Ein Schwall von Blut kommt aus seinem Mund, und für einen Augenblick erscheint auf seinem von Staub und Schweiß verschmierten Gesicht ein erleichterter Ausdruck.
Augusto: Jetzt geht es mir besser... jetzt kann ich... kann ich... kann ich...
Er röchelt, beißt sich auf die Lippen, um nicht zu schreien und versucht mühsam den Hang hinaufzukriechen.
Sein Gesicht ist verzerrt vor Schmerz und Verzweiflung.
Er schleppt sich weiter die Böschung hinauf, als sei er entschlossen, sein Letztes zu geben. Er krallt die Hände in den steinigen Boden, gleitet ab, fängt sich wieder.
Sein Keuchen wird dumpfer und leiser, er weint nicht mehr. Um ihn herum herrscht tiefe Stille.

Jetzt hat Augusto den Straßenrand erreicht.

In der Stille ertönen plötzlich Kinderstimmen; sie klingen unwirklich, aber sie sind wirklich. Dann sind Schritte zu hören.

Mädchenstimme: Oh! Komm her!

Auf dem Boden liegend, dreht Augusto den Blick langsam in die Richtung, aus der die Stimmen kommen. Auf der Straße nähern sich ein paar Kinder in Begleitung zweier Bäuerinnen. Das Grüppchen geht, ohne ihn zu sehen, an Augusto vorbei und entfernt sich.

Augusto starrt ihnen nach ohne zu begreifen; dann verzieht sich sein blutverschmiertes Gesicht zu einem Ausdruck, der wie ein Lächeln wirkt, und im Vertrauen auf Rettung entspannen sich seine Züge. Seine Lippen bewegen sich, er nickt leicht mit dem Kopf.

Augusto: Wartet auf mich... Ich komme... ich komme mit...

Mit diesem Anflug eines Lächelns fällt er schließlich ermattet zu Boden und bleibt mit halb zerschlagenem Gesicht liegen. Er ist tot.

Der Film in 32 Bildern

Die Gauner

1955

Produktion:	Titanus
Regie:	Federico Fellini
Idee und Drehbuch:	Federico Fellini, Ennio Flaiano, Tullio Pinelli
Kamera:	Otello Martelli
Regieassistenz:	Moraldo Rossi, Dominique Delouche, Paolo Nuzzi
Script:	Narciso Vicario
Bildregie:	Otello Martelli
Dekor und Kostüme:	Dario Cecchi
Schnitt:	Mario Serandrei, Giuseppe Vari
Tontechnik:	Giovanni Rossi
Maske:	Eligio Trani
Frisuren:	Fiamma Rocchetti
Ausstattung:	Massimiliano Capriccioli
Produktionsleitung:	Giuseppe Colizzi
Musik:	Nino Rota

Darsteller:

Augusto	Broderick Crawford
Picasso	Richard Basehart
Roberto	Franco Fabrizi
Iris	Giulietta Masina
sowie mit	Sue Ellen Blake
	Alberto De Amicis
	Giacomo Gabrielli
	Irene Cefano
	Lorella De Luca

Riccardo Garrone
Paul Grenter
Emilio Manfredi
Mario Passante
Xenia Valderi
Maria Zanoli
Lucetta Muratori
Sara Simoni
Maria Werlen
Ettore Bevilaqua

Fellini über ›Die Gauner‹

Das Mysterium des Menschseins

Mir ist vorgeworfen worden, namentlich von Cesare Zavattini, ich
würde mich in *La Strada* von der Wirklichkeit entfernen und mich in
den Traum flüchten. Ich meine, daß man die Wirklichkeit nicht als
Panorama einer einzigen Oberfläche betrachten darf, daß diese
Landschaft beispielsweise mehrere Schichten hat und daß die tiefste
davon, jene, die nur durch die Sprache der Poesie aufgedeckt werden
kann, nicht die am wenigsten reale ist. Das, was ich unter der
Oberfläche der Dinge und der Menschen zeigen will, wird als
unwirklich abgetan. Man bezeichnet das dann als Hang zum
Mysterium. Sofern man diesen Begriff mit einem großen M schreibt,
bin ich gerne damit einverstanden. Wenn Zavattini Mysterium sagt,
so meint er damit ein poetisches Surrogat, mit dem ich die Wirklichkeit überzuckere und das wahre Gesicht der Dinge entstelle. Für
mich bedeutet Mysterium das Mysterium des Menschseins, die
großen irrationalen Linien seines spirituellen Lebens, die Liebe, das
Seelenheil, die Erlösung, die Fleischwerdung. Im Zentrum der
verschiedenen Schichten der Wirklichkeit steht für mich Gott, der
Schlüssel der Mysterien.
Ich finde, ich bin ebenso Neorealist wie die dogmatischen Neoreali-
sten, wenn nicht sogar mehr als sie. Als Rossellini *Rom, offene Stadt*
drehte, wußte er gar nicht, daß er neorealistisch war. Später hat man
dann eine Mauer um den Neorealismus errichtet und eine Flagge
darauf gehißt. Nun wundert man sich und regt sich darüber auf, daß
Rossellini und ich die Mauer übersprungen haben.
Zampano und Gelsomina sind keine Ausnahmefälle, wie man mir
vorwirft. Es gibt viel mehr Zampanos auf der Welt als Fahrraddiebe,
und die Geschichte eines Menschen, der seinen Nächsten entdeckt,
ist ebenso wichtig und ebenso wirklich wie die Geschichte eines
Streiks.
Was uns unterscheidet, ist wohl, daß ihre Sicht der Welt materiali-
stisch und die meine spirituell ist.
Ich bin nicht demütig genug, um mich selber von meinen Filmen zu
abstrahieren. Ich versuche, mir in meinen Filmen über mich selbst

klar zu werden, aber da ich ein Mensch bin, können sich gewiß auch andere Menschen darin erkennen.

Es ist auch behauptet worden, Gelsomina könnte mit ihrer Duldung von Leid und Unterdrückung eine Aufforderung zur Nicht-Revolte in einem Polizeiregime sein. Unter den gegebenen Umständen ist Gelsomina jedoch durch ihre Ergebenheit stärker und bewirkt viel mehr als durch Auflehnung.

Denn ich glaube an das Gebet und an das Wunder.

Aus: Dominique Delouche, ›Journal d'un Bidoniste‹. Paris. Les Editions du Cerf 1956.
(Aus dem Französischen von Renate Heimbucher-Bengs)

Rosellinis Lehre

Ich glaube sagen zu können, daß die größte Lehre, die ich von Rossellini erhalten habe, eine Lektion in Demut gewesen ist, das heißt, einer Haltung vollkommener Einfachheit gegenüber der Wirklichkeit, die Bemühung, sich nicht mit eigenen Ideen, mit der eigenen Bildung und den eigenen Gefühlen einzumischen. Ich bin ohne ein bestimmtes Interesse für das Kino an Rossellini geraten, denn ich beschäftigte mich mit Journalismus, ich interessierte mich für andere Dinge, ich machte Karikaturen, ich dachte wahrhaftig nicht, daß mein Weg das Kino wäre. Ich hatte Filmmanuskripte, Entwürfe, Drehbücher geschrieben, aber meine Mitarbeit am Kino blieb immer sehr äußerlich, es gab keine wirkliche Teilnahme aus Leidenschaft und Neigung. Wenn ich ins Filmstudio ging, um eine Schauspielerin oder einen Freund hinzubegleiten oder weil der Regisseur, der ein Drehbuch von mir verfilmte, mich eingeladen hatte, wurde ich stets von einem Gefühl tiefen Unbehagens erfaßt, und es gelang mir nicht, völlig zu verstehen, was sie da eigentlich machten. Mit einem Wort, das Leben eines Filmteams und die Art, in der sich die Arbeit vollzog, erschienen mir so wenig meinem Temperament angemessen, so weit von mir weg, daß es mir absolut nicht gelang, mich davon fesseln, nicht einmal beeindrucken zu lassen; ich dachte wirklich nicht daran, daß ich irgendwann als Regisseur arbeiten würde. Als ich mit Rossellini bekannt wurde, sah ich vor allem eine vollkommen neue Welt, diesen liebevollen Blick, mit dem Rossellini die Dinge betrachtete, und dann mit Hilfe der Filmeinstellung wieder erstehen ließ. Und es war – wie soll ich sagen

– gerade diese Haltung, die mich glauben ließ, daß das Kino etwas
sei, das man ohne zu bluffen machen könnte, ohne Einbildungen
und ohne den Gedanken, nach rechts und links schön klare Bot-
schaften zu verschicken; daß man also jemanden oder etwas, eine
Situation oder Gestalten mit äußerster Gewissenhaftigkeit betrachten und versuchen könnte wiederzugeben, was man gesehen hatte.
Das, kann ich sagen, war die größte Lehre, die ich von Rossellini
erhalten habe, also kurz und gut, eben diese Lektion in Demut.

Publikum und Erfolg

Sie fragen mich, aus welchem Grund meiner Meinung nach *Der
weiße Scheich* und *Die Gauner* kein bedeutender Publikumserfolg
wurden. Das hatte zum Teil ganz praktische Gründe, zum Beispiel
die Tatsache, daß die Verleihfirma pleite ging, noch bevor sie den
Film vertrieben hatte, und daß die Besetzung vielleicht nicht so
eindrucksvoll war, um auf das Publikum große Anziehung auszu-
üben. Da es ja ein Film gegen die Fotoromane war – und ich meine
nicht die Fotoromane als journalistische Ausdrucksmöglichkeit,
sondern als Lebenseinstellung, als Mode –, hat er vielleicht auch
einen Teil des Publikums verärgert, das ins Kino geht, um sich eine
konformistische, konventionelle Wirklichkeit anzuschauen, die
möglichst sentimental dargestellt wird. Weil der *Der weiße Scheich*
ziemlich unverblümt auf diese Dinge reagiert (die das Publikum
gleichwohl zu sehen verlangt), hat er möglicherweise ein unglückli-
ches Schicksal gehabt. Was *Die Gauner* betrifft ... sehen Sie, da bin
ich immer noch nicht richtig dahintergekommen, warum es kein
kommerzieller Erfolg wurde. Wenn ich darüber nachdenke, glaube
ich, daß der Mißerfolg daran lag: Möglicherweise erwartete das
Publikum, das wie bei den *Vitelloni* vom Klang des Titels angelockt
wurde, eine quasi humoristische Geschichte, fröhliche, sympathi-
sche Gauner, eher Spaßmacher als die gefühllosen Verbrecher, die
ich ihnen vorzusetzen versucht habe. Ein erstes Gefühl der Verwirrung, eine erste Enttäuschung können wohl davon abgeleitet werden. In zweiter Linie war es vielleicht der Stil des Films, der sich
nicht groß darum kümmert, was man allgemein von einem Schau-
spiel erwartet, das dem Leben eines Bösewichts nachgeht – er soll,
aus irgendwelchen Gründen bekehrt und gerettet werden.

Produzent und Regisseur

Bis heute kann ich sagen, daß ich kaum eingeschränkt war, die Freiheit hatte zu machen, was ich machen wollte. Ich habe es immer fertiggebracht – mag sein, mit einem bißchen Geduld, aber ohne auf irgend etwas zu verzichten (auch nicht auf *eine* Einstellung) – das zu tun, was ich wollte. Es ist wahr, daß der Produzent immer versucht, seine Anwesenheit zu rechtfertigen, wenn nicht anders, dann mit Ratschlägen; aber für uns geht es darum, von dem überzeugt zu sein, was man machen will, so treu wie möglich sich selbst gegenüber zu bleiben und eines zu wissen: Bei Meinungsverschiedenheiten zwischen Regisseur und Produzent hat immer der Regisseur recht. Wenn einer davon überzeugt ist, nicht fanatisch überzeugt, wenn einer mit einer gewissen Objektivität weiß, daß er Qualitäten besitzt, und weiß, daß er eine Welt auszudrücken hat, dann muß er daran festhalten, daß wirklich er im Filmteam der Stärkste ist, daß das, was er im Kopf hat, bis ins letzte durchgesetzt wird und daß er, wenn die Filmarbeit einmal begonnen hat, auf die Ratschläge von niemandem hören darf, weil sich an dem Punkt auch der freundschaftlichste Rat als unangebracht, letztendlich als falsch erweist.

Aus: ›Bianco + Nero‹, Jahrgang XIX, No. 5, Mai 1958. (Aus dem Italienischen von Dieter Schwarz)

›Meine Filme sind Geschichten von Menschen zum Gebrauch anderer Menschen.‹

Tati hat gesagt: »Kino ist ein offenes Fenster auf das Leben«. Bresson sagt: »Kino ist innere Bewegung«. Wie lautet Ihre Definition?
Kino ist die Kunst, in der sich der Mensch am unmittelbarsten wiedererkennt: ein Spiegel, in dem unsere Seele zu entdecken wir den Mut haben sollten.
Gibt es irgendwelche Konstanten, einen Leitgedanken, eine »Botschaft«, die ihr Werk beherrscht?
»Botschaft« scheint mir ein zu großes Wort für mich. Leitgedanke ja, nämlich die Beziehung der Menschen untereinander, die Hoffnung auf ein weniger tragisches Verständnis ihres Daseins: Meine Filme sind Geschichten von Menschen zum Gebrauch anderer

Menschen; ich zeige ihre Schwierigkeiten, ehrlich zu sein, wie sie sich anstrengen klarzusehen, die Zweideutigkeit ihrer Beziehungen, denn sie sind Gefangene der Mythen, der Konventionen, der Scheinheiligkeit und der Angst.«

Anscheinend gibt es in allen Ihren Filmen Gestalten und auch Landschaften, die als Konstanten eben dieser Leitidee immer wiederkehren.

Meine Gestalten sind transparent, und die Landschaften sind durch sie objektivierte Seelenzustände.

Ist der Begriff des »Festes« für Sie das Äquivalent zur Pascal'schen »Zerstreuung«?

Ja, der Karneval der *Vitelloni,* die Prozession in *La Strada,* die Silvesterparty in den *Gaunern* sind Gipfelpunkte der Einsamkeit.

Ist nicht auch die Verkleidung eine Konstante, die sich mit diesem Begriff verbindet?

Für mich ist die Verkleidung einmal eine transponierte Darstellung des Lebensgefühls, einmal die Lust an einem Verhalten, das einem ein Alibi gibt.

Das Meer nimmt in Ihrem Œuvre so breiten Raum ein, daß ich Sie fragen möchte, was es für Sie darstellt.

Ich bin an der Küste geboren: Meine magnetischsten Erinnerungen hängen mit dem Meer zusammen. Was ich heute mit dem Meer verbinde, ist das tröstlich-geheimnisvolle, der Gedanke der Dauer, der Ewigkeit, des Urelements; je nachdem, wer sich ihm nähert, nimmt es diese mehr oder weniger essentielle Bedeutung an.

Das Fehlen des Meers in den Gaunern *ist natürlich auch symbolisch zu verstehen?*

Zuerst wollte ich die Marino-Sequenz (mit dem betrunkenen Picasso) an einem Strand spielen lassen. Dann habe ich darauf verzichtet, denn *Die Gauner* beinhaltet nicht diese offene Tür.

Sind Sie sich dieser surrealistischen Seite ihrer Weltsicht bewußt?

Ich bin kein Surrealist im modernen Sinn des Wortes, aber indem ich von meiner Seele spreche, bin ich notwendigerweise Surrealist: Details im Dekor, wie der alleinstehende Baum bei der Hochzeit in *La Strada* oder der, unter dem der Schatz in den *Gaunern* vergraben ist, sind Wesen, Zeugen, Hüter einer anderen Realität, nämlich jener der Pflanzen oder Tierwelt oder einer versunkenen Kultur. Wenn die Landschaft einen Seelenzustand widerspiegelt, so findet der Zuschauer in der Leinwand einen Spiegel, der ihn zugleich auch über sich selbst aufklärt. Ich bin also insofern surrealistisch, als ich der

Landschaft eine animistische Form geben muß, so wie Giotto, Botticelli, Bosch, Breughel, Ucello frühe Surrealisten waren.

Können Sie den Begriff des Raums definieren, der eines der wesentlichen Elemente im Dekor Ihrer Filme ist?

Der leere Raum läßt Platz für okkulte Präsenzen, die den Figuren helfen wollen, mit anderen Augen um sich zu blicken.

Beinhaltet die »stillstehende Zeit«, die sie in Ihren Filmen erzeugt haben, vielleicht den gleichen Gedanken?

Ich versuche, so etwas wie eine Kontraktion der Zeit zu schaffen, in der man hoffen kann, daß ein Wunder geschieht, daß die Figuren schließlich zur Erkenntnis kommen. Gleichsam eine zur inneren Handlung gegenläufige Suspense.

Sie sind einer der engsten Mitarbeiter Rossellinis gewesen. Können Sie mir etwas über ihn erzählen?

Von ihm habe ich gelernt, Kino als den spontansten Ausdruck des Lebens zu lieben. Ich sah, daß er keine Filme machte, um Geschichten zu erzählen, sondern daß er voller Demut das Leben betrachtete und es allein mit seiner vitalen Kraft darzustellen versuchte. Er ist der alleinige Erfinder des sogenannten »neorealistischen« Films.

Was verbindet sein Werk mit dem Ihren?

Beide versuchen aufzuzeigen, daß der Ursprung aller unserer Ängste, Befürchtungen und Schwächen im Mangel an Liebe liegt.

aus: Geneviève Agel, ›Les Chemins de Fellini‹. Paris. Les Editions du Cerf. 1956. (Aus dem Französischen von Renate Heimbucher-Bengs)